JN042117

領域を超えない民主主義

砂原庸介
SUNAHARA Yosuke

Fragmented Democracies
Competition and Legitimacy in Japanese Local Politics

地方政治における競争と民意

東京大学出版会

Fragmented Democracies
Competition and Legitimacy in Japanese Local Politics
SUNAHARA Yosuke

University of Tokyo Press, 2022
ISBN978-4-13-030187-9

領域を超えない民主主義――目次

人間の領域性は，区域を管理することによって人々や事物を管理するための強力な地理的戦略である．

——ロバード・D. サック『人間の領域性——空間を管理する戦略の理論と歴史』

党派［faction］の原因を除去することはできず，したがって対策はその効果を制御する手段の中に求められるのみであるということが，私たちがたどりついた結論だ．

——The Federalist Papers, No. 10

第1章 | 政治制度が生み出す分裂した意思決定

1 | 領域と結びつく地方政府

　都道府県や市町村の境界は，必ずしも山河のような目に見えるものだけで作られるわけではない．そのような境界によって作り出される地方政府の領域は，人々にとってどのような意味を持つのだろうか．境界によって確実に地方政府の領域が分けられているものの，場合によってはその境界がどこにあるのか自体明確にわからない，ということもある．移動の手段が極めて限られているとすれば，地方政府の領域は生活圏そのものを示すものであったかもしれない．しかし，交通機関が発展した現代，人々が日に何度も，いくつもの地方政府の領域をまたいで生活することは珍しくない．都市化の進展とともに住宅が連坦して建設され，とりわけ大都市部では意識せずに地方政府の境界を超えてしまうような日常がある．

　境界によって「地方」の単位の領域を区切ることは，必ずしも自明なものではない．松沢裕作によれば，近世社会における基本的な構成単位であった村が，職能や身分によって結びついていたのに対して，近代以降に構成された地方政府の領域は，恣意的な境界によって明確に分けられることになったという（松沢 2013）．しかし，恣意的な境界で切り出された領域は，それ自体が人々にとって切実な意味を持たなかったとしても，人々の共通の利益を想定する単位として扱われるようになる．そして地方政府は，その領域の中で人々の共通する利益と考えられるものを追求していくのである．

　現代の日本において，都道府県・市町村という地方政府が，社会

問題の解決を担う重要なアクターであるという認識は，以前よりも強まっていると考えられる．以前の地方政府は，中央集権的な地方財政制度のもとで，自民党長期政権に協力しながら中央からの補助を獲得し，領域の中で共通する利益——しばしば公共事業として行われる——の実現を目指す存在として捉えられる傾向にあった（Scheiner 2005; 斉藤 2010）．1990 年代後半，日本においては地方分権改革が実施され，地方政府は国と対等な存在として，一定の権限を付与されるようになった．その過程では，財政的にも自立すること，つまり自らの領域での共通の利益を実現するための資源を，その領域で生み出された資源によることを求める議論も強い．依然として国による規制が厳しく，地方政府の独自性が発揮されないという批判がある一方で，都道府県知事はその自律性を高めて政治的に重要なプレイヤーとなりつつある．また，2000 年代に進んだ平成の大合併を経て市町村の規模は大きくなり，より高い能力が期待されるようになっている．

　地方政府がその領域の中で自律的に意思決定を行うことが求められるようになる一方で，個々の地方政府の領域を超えた問題が以前と比べて重要性を増している．交通手段の発達とともに，人々は地方政府の領域にかかわらず活発に移動するようになるし，また，公共交通や上下水道などの社会基盤や廃棄物の処理など，規模の大きな地方政府において提供される公共サービスが，他の地方政府に住む人々に影響をもたらすスピルオーバーが生じることがある．反対に，国から与えられた業務や地域住民からの要望に応えるために職員の数を増やし専門性を高めるなどして能力を高めようとしても，資源の少ない小規模な地方政府にできることは限られている．このような課題の解決を図るために議論されてきたのは，市町村間の合併・広域連携や都道府県による町村部を中心とした垂直補完，さらには広域での大都市制度や道州制の導入などの制度改革であった．

本書でも議論するように，近年の平成の大合併はその部分的な解決を図る試みのひとつであったが，それは決して最終的な解決とはならず，現在でも地方制度の改革を検討する地方制度調査会において継続的に論じられ続けている．

　個々の地方政府を超えて，政府の役割が広域化していくときに，ポイントになるのは人や物が集積する都市の範囲である．都市の利益が，地方政府やそれを構成する住民の利益と結びつくというのは，自明のことのように思えるかもしれない．しかし，実のところ両者は緊張関係にあると考えられる．なぜなら，地方政府は仮にそれがもともと社会経済的な都市圏と一致するように設定されていたとしても，時間の経過とともに両者には乖離が生じていく可能性があるからである（曽我 2016）．広がっていく都市における共通の利益は，必ずしも地方政府の領域における共通の利益とは一致しない．都市が広がる中で，関係する地方政府が増えるようになると，都市との関係をめぐる地方政府間の競争関係や地方政府内部での対立関係が生じる可能性が高まる．

　これまで日本における政府間関係の議論といえば，ほとんどが国と地方の間の政府間関係に注目するものであった．地方政府間の連携に関する研究としては，主に制度的な観点から広域行政に関する制度やその改革が議論されてきたほか，「昭和の大合併」や「平成の大合併」という大きな政治的イベントについての分析が蓄積されてきた．これらの研究は，広域行政という問題について地方政府間の何らかの連携・協力関係の構築が必要であるという前提に立脚し，それを助ける広域連合や一部事務組合といった制度や，合併といういわば特殊な形式の連携を地方政府が採用するかどうか，ということを分析してきたものであると言える．

　それに対して本書では，日本の政治制度の特徴についての整理を踏まえて，地方政府が領域を超える課題に対応することに困難を抱

えているという点に注目して分析を進める．焦点化されるのは，地方政治における分裂した意思決定である．政治制度の制約によって，地方政府内の対立や地方政府間の競争が強く前景化する一方で，それを統合するような政党が機能する余地が少ない．結果として，日本の地方政府は既存の境界によって生み出されるそれぞれの地方政府の領域に強く拘束されることになり，地方政府間での連携を阻むとともに，都市の活力を衰えさせたり，地方政府内外での対立を先鋭化させたりする可能性があることを論じる．本書では，このような政治制度の特徴とそこから予想される帰結について，歴史的な経緯や数量的なデータに依拠しながら跡付けていくことを試みるものである．

2 | 地方政府と領域を超える課題

2.1 領域を超える課題にどのように対応するか

社会経済的なまとまりである都市圏と，政治的なまとまりである地方政府の領域が必ずしも一致しないことは，日本だけではなく先進国を中心とした世界的な課題となってきた．ひとつの地方政府の領域を超える課題に対する改革の戦略としては，地方政府の合併，権限・責任の再配分，企業化，地方政府間連携といった手段が考えられる（Hulst and van Montfort 2007）．このうち，権限・責任の再配分は，フランスやイタリアで見られたように，州の設置によって国・地方間の権限配分に関する憲法的な規定を含めて見直すような改革である．日本で言えば道州制の導入にともなって，国と地方の役割を再定義するような極めてドラスティックな改革になると言えるだろう．垂直的な合併も含めた地方政府の再編を行い，それを通じて効率的にサービス供給を図ろうという発想である．他方，企業

化は，地方政府の持つ事務を公営・民営の企業に委ねてサービスの供給を行わせることで，当該地方政府だけではなく，近隣の地方政府がサービスを購入することでサービス供給を行うことを意味し，広い意味では地方政府間の連携に近いと考えられる（Feiock and Scholz 2010; Teles 2016）．

　この課題について古くから議論されてきたのは，合併を含めた地方政府の再編である．再編によってより広域の地方政府が統合的にサービスの供給を担うことで，規模の経済が実現され効率的なサービス生産が行われるという発想（生産の効率性）と，分散的な地方政府がそれぞれにサービス供給を行うことで，それぞれの地方政府で最適なサービス供給が行われるという発想（配分の効率性）がともに存在し（Feiock 2007; Teles 2016），地方政府の最適な規模を考える研究が蓄積されてきた（Dowding, John and Biggs 1994; Boyne 2003）．しかし，仮に地方政府の最適な規模が存在したとしても，合併によって地方政府の領域を再編するのは簡単ではない．それまでに存在してきた地方政府の自治を重視する政治家の存在を無視することはできず，例えば全国的に地方政府の規模拡大・能力向上を目指すような国レベルでの大きな改革の気運が高まらない限り，なかなか合併は行われない傾向が指摘されている（Meligrana 2004; Baldersheim and Rose 2010; Swianiewicz 2010）．

　それに加えて，合併が必ずしも期待する効果をあげていないとする議論は少なくない．アメリカとイギリスの研究を中心としたサーベイ論文によれば，合併によって地方政府を統合することがパフォーマンスを向上させるかについては，必ずしも意見の一致を見ていない（Walker and Andrews 2013）．最近の研究を見ると，合併による支出の削減が効率化をもたらすという主張はあるが（Reingewertz 2012; Hansen 2014），その効果は必ずしも大きいとは言えず，合併に必要な費用を考えると効果はそれほど期待できないとする研究

も少なくない（Allers and Geertsema 2016; Blesse and Baskaran 2016; Blom-Hansen et al. 2016; Roesel 2017）．

　パフォーマンスの問題だけでなく，民主的な意思決定における問題も指摘されている．スイス・ノルウェー・デンマーク・オランダの4か国を対象とした研究では，地方政府の規模が小さい方が人々の政治への満足度や政治参加が高まることが報告され，合併によって地方政府の能力が上がる前にまず市民の政治的有効性の感覚が下がるという問題が指摘されている（Denters et al. 2014）．また，合併ののち，飲み込まれることへの危機感やそれに対する配慮から一時的にはもともと人口の少ない周辺地域の住民が多く代表されることがあったとしても（Jakobsen and Kjaer 2016），その傾向は長期的には消失し，地方政府の中で政治の中心やサービス供給の拠点などを持つ地域がより代表されるようになっていく傾向が指摘されている（Saarimaa and Tukiainen 2016; Koch and Rochat 2017; Voda and Svači-nová 2020）．結果として，人が多く住んでいる地域の政治的権力が拡大し，周辺地域に特有の利益が代表されなくなることが懸念される（Michelsen, Boenisch and Geys 2014）．このような懸念を抱く周縁部の地域は，合併に警戒して反発することは少なくない．

　合併が容易ではない中で，現実的な選択肢として考えられているのが地方政府間の連携である．連携は非常に多様で，それぞれの国において時間をかけて独自に発展してきたものと考えられる（Hulst and van Montfort 2007; 加茂 2010；木村 2017）．領域を基礎としてその中で総合的に行政事務を行う地方政府に対して，サービス供給を中心とした特定の機能を果たすことを目的とした機関を設置することは，近年発達している公的・私的な企業を含めたサービス供給のガバナンスという枠組みにも位置付けられやすい（Hooghe and Marks 2003; Wollmann 2010）．ただ，連携によって，小規模な地方政府における民主主義と，広域の行政体による効率性の両立を目指

すことができるという評価がある一方で，選挙によって決定の民主的正統性を確保することができず，主に地方政府の長が持つ政治的正統性に依存せざるを得ないという難点を抱えている（Teles 2016; Teles and Swianiewicz 2018）．また，ヨーロッパの地方政府間連携についての研究によれば，連携を進めることでサービス供給のコストを低下させる傾向はあるものの，だからといって必ずサービス供給の効率が改善するわけではない（Bel and Warner 2015; Allers and Ommeren 2016）．

2.2　集合行為アプローチ

合併を含めた地方政府の領域を超える課題への対応について，理論的な統合を図ろうとするのがフェイオックらによる集合行為（Institutional Collective Action）アプローチである（Feiock 2007, 2009, 2013; Feiock and Scholz 2010）．連携がないときに発生する，受益と負担の不一致や事業の重複による過剰な投資を，地方政府間の「集合行為問題」として理解するものである．地方政府はこの集合行為問題を緩和するために，合併や連携という水平的な関係のみならず，上位・広域の政府との垂直的な協力関係を築くインセンティブを持ち，その協力から得られる利得が取引費用よりも大きいときに協力が成立するとする．地方政府間の調整・協力によってその問題を解消し，複数の地方政府で構成されるような社会経済的な圏域全体でより効率的な公共サービスの提供を行う見込みが立てば連携が生まれるという考え方である．

それぞれの地方政府にとっての便益が，連携しないときの費用を上回れば連携が実現する，という発想は単純明快である．しかし，連携の便益はそれほど簡単に予想ができるわけではない．なぜなら，連携に当たって不確実性が存在するからである．連携に参加する地方政府としては，実際に期待していたほどの便益が得られるかはわ

からないし，また連携自体に想定していたより費用がかかってしまう可能性がある．さらにはパートナーとなる地方政府が，期待していたような協力をしてくれない「裏切り」が発生してしまうと，連携によってむしろ多くの費用が掛かってしまう可能性もある（Henderson 2015）.

　不確実性の問題に加えて，連携したときに誰がどのように公共サービスの水準を決めるか，という問題もある（Teles 2016）．あくまでも地方政府間の連携であり，必ずしも公共サービスの費用を負担し便益が及ぶ範囲の住民が選挙でそのための代表を選んでいるわけではない．連携している地方政府の中で，財政力が強く実際のサービス提供を担うなどの理由で相対的に発言力が強い地方政府が，他の地方政府を従わせるようなことが起きてしまうかもしれない．結果として，従う側の地方政府の住民にとってみれば，期待されていたほどの便益がないにもかかわらず，負担ばかりが求められることになるなど，必ずしも望ましいとは言えないかたちで公共サービスが提供されることになる可能性もあるだろう．このような不確実性や代表性の問題を考慮すれば，もともと何らかのかたちで連携が行われているなど，選好が近い地方政府の間での連携がより行われやすくなると考えられる．

　連携を，地方政府間の「集合行為問題」の解決として捉えると，その内容を2つの軸によって理解することができる（Feiock 2009, 2013）．1つの軸は，連携の包括性に関する軸である．2つの地方政府で1つの事業について相互的に行う連携は範囲が狭い個別的な連携であるのに対して，3つ以上の地方政府が参加して複数の事業について行われるような連携はより包括的であると言える．より個別的な連携の方が，交渉も容易であり不確実性も少なくなると考えられるのに対して，参加する地方政府や連携する事業の数が増えると合意に至るのが難しくなると考えられる．もう1つの軸は，合意の

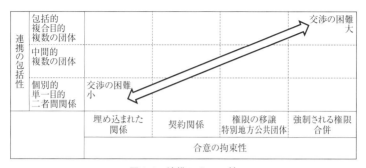

図 1-1　連携の 2 つの軸

出典：Tavares and Feiock（2018: 303）を一部改変

拘束性に関する軸である．非公式な情報交換のような連携であれば，連携相手を相互に拘束することはないが，契約によって公共サービスの提供を受けるような場合には，関係者を一定程度拘束することになる．さらに，公共サービスを実施するための組織を合意のもとで設置するとなれば，個々の地方政府が自律的な決定を行う余地は非常に少なくなる．拘束力の弱い連携であれば比較的容易に合意することができるのに対して，将来の意思決定を強く拘束するような連携を行う場合には，地方政府間で合意に至ることが困難になると考えられる（図 1-1）．

　包括性と拘束性という 2 つの軸で連携を捉えたとき，2 つの地方政府の非公式な情報交換のようなどちらかと言えば容易に実現する連携を一方の極に，そしてもう一方の極として合併を複数の地方政府が複数の事業で極めて拘束的に行う連携として位置付けることができる．合併は，地方政府が関連するすべての分野において，元々の地方政府としての自律性を認めないかたちで新しい地方政府として意思決定を行うことになる．合併に参加する地方政府は，その便益や費用を慎重に検討するために，合意に至ることは容易ではない．そして，その 2 つの極の間にさまざまな連携を位置づけていくこと

ができるのである.

2.3　領域を超える協力はなぜ生まれるか

　このような枠組みで地方政府間の協力関係を考えるとき，重要なのはどのような要因が取引費用に影響するか，ということになる．規模の経済によって同じように利得を得られるなら簡単に協力が発生するが，実際は協力の約束への違反状態に対して制裁を科す必要があったり，サービス供給を行うための資産に一定の投資が必要であったりする（asset-specificity）などの理由で，協力関係を支えるための費用が高くなることがある（Steinacker 2010）．そのため，単に協力関係が生み出す利得と費用のみならず，それを支えるパートナーシップや紐帯がまず重要になってくることが指摘される（Andersen and Pierre 2010; Jones 2010）．実証分析においても，特に警察や水道，さらには経済開発など，継続的な協力関係を必要とするサービス供給において，他の目的のネットワークが重複することで連携が行われることが指摘されている（Scholz, Berardo and Kile 2008; Andrew 2009, 2010; Feiock et al. 2010; Shrestha 2010）．個々の地方政府の選択に焦点を当てると，必ずしも似たような地方政府同士が連携するというわけではなく，他の地方政府との競争の度合いが高い地方政府や，すでに他の地方政府とのネットワークの中心となっている地方政府が，協力関係を結びやすいという指摘も見られる（Berardo and Scholz 2010; Minkoff 2013）．

　地方政府間の連携の困難には，選挙で選ばれた政治家が必ずしもそれを推進しようとしないと考えられることがある．狭い領域の選挙区から選ばれている政治家は，選挙のために地元の利益を重視することが求められる．そのため，敢えて広域の利益に関心を持とうとすることはしないと考えられる．そのような中で，将来においてより広域の選挙を目指す政治家の野心や（Bickers, Post and Stein

2010)，専門家として広域の利益に関心を持つ官僚（Gerber and Gibson 2009)[1]，あるいは領域を超えた利益に関心を持つ政党や市民団体などのネットワーク（Fedele and Moini 2007; Nells 2012; Teles 2016）が存在することが，地方政府間の連携を促すと指摘されてきた．

　このような研究を踏まえて，フェイオックらが集合行為アプローチの適用について整理した研究では，どのような要因が，地方政府間の信頼関係に基づく多様で非公式な連携が志向されるのか，国が整備した公式の制度による連携が志向されるのかに影響するかが論じられている（Tavares and Feiock 2018)．連携を行うに当たっては，相手が期待通りに動いてくれるか，自分たちにとって満足いく利得が得られるかについて不確実性が残る．公式の制度による連携であれば，それを作るための取引費用は非公式な連携よりも大きいが，制度に裏打ちされることで不確実性を減らすことができる．それに対して，非公式の連携の場合，連携は容易になるが連携相手がどのように行動するかに依存する部分も大きい．結果として，多様で非公式な連携が志向される国では，合併や新しい中間的な組織の設立よりも，既存の地方政府同士の相互信頼を前提とした柔軟な連携が起こりやすいのに対して，公式の制度による連携を志向する場合には，取引費用が大きくなることもあって連携自体は起こりにくくなると考えられる．

　連携を促す要因としてまず挙げられるのは，地方分権の伝統である．国の統制が弱く，自治が強調されている国では，相互信頼に基づく地方政府間の自主的な連携関係が埋め込まれるのに対して，集権的で国の統制が強い国では連携が起こりにくい分，国が用意した

---

1)　フェイオックらの別の研究でも，政治家はより強い紐帯を，専門職の官僚は幅広く情報を取得するために弱い紐帯を志向するという仮説が設定されているが，検証の結果はいずれもより強い紐帯を志向するものであった（Feiock, Lee and Park 2012).

公式の制度に頼ることになる．また，非公式の連携には相乗効果があるのに対して，公式の連携は非公式の連携を代替してしまう可能性も指摘されている[2]．次に挙げられるのが，地方政府における弱い紐帯の存在である．公選の市長のような強いリーダーがそれぞれの地方政府を統合するよりも，地方政府をまたぐビジネスや専門家の弱い紐帯があることが連携に重要だということである．この弱い紐帯には政党も含まれるだろう．3点目に挙げられるのは，地方政府における選好の同一性である．地方政府内部で選好の違いが少ないと，反対する集団によって拒否されにくくなり連携が進められやすくなるというのである．最後に，これは地方政府間でも同じことが言えて，地方政府間で選好の違いが少ないと，連携が行われやすくなる．例えば，同じような政党を支持する有権者が多い地方政府間での連携が起こりやすい（Gerber, Henry and Lubell 2013）ということが考えられる．逆に，選好の違いが大きい中で連携を進めるためには，一定の強制力を持った公式の制度に頼る必要があるということだろう．いずれにしても，関係者の間で目的を共有しているほど自発的な連携が発生すると予測される．

3 ┃ 領域への拘束をもたらす政治制度

3.1 地方政府内の対立

フェイオックらの集合行為アプローチの議論は，日本で連携が低調である事実を考えるうえで極めて示唆的である．本節では，具体的に日本の政治制度に即して連携を阻む要因について議論していく．

---

2) この点は，元の論文では5点目として挙げられているが，ここでは統合している．

取り上げるのは，地方政府内の対立，地方政府間の競争，そして国と地方の関係である．

　まず取り上げる地方政府内の対立を考えるうえで重要なのは，日本の地方政府が採用する，二元代表制と呼ばれる政治制度である．この制度では，地方政府の長を領域全体で構成する選挙区から多数制の選挙制度で選ぶ一方で，地方議会議員については選挙区の大きさによって定数の異なる単記非移譲式投票（Single Non-Transferable Voting）によって選ぶ．都道府県と政令指定都市では，市や区の領域を使って議席を複数の選挙区に分けて，その定数は 1 から 20 となっている．政令指定都市以外の市町村では地方政府全域が 1 つの選挙区であり，小規模な村では定数が一桁ということもあるが，最大の船橋市などでは定数が 50 にも及ぶ．

　長と議会という 2 種類の代表が，別々の選挙で選ばれることで，大統領制と同じように，そもそも両者の間で目的の分立が起きやすい制度になっていると言える（Haggard and McCubbins 2001; 曽我・待鳥 2006）．それに加えて，地方議会議員が定数の大きい選挙区で選ばれることで，議員個人への投票が非常に大きな意味を持つことになり，同一政党内での競争が強まって，政党が凝集性を持つことが難しい（Shugart and Carey 1995; 建林 2004）．とりわけ日本の市町村のように，当選者数が 10 を超えるような場合には，政党が存在する意味は極めて薄くなると考えられており，実際に，政令指定都市を除くと，市町村で政党が占める存在感は小さい．

　このような地方議会の選挙制度では，議員候補者の政党所属よりも，議員候補者個人と候補者を支持する組織・団体との関係が重要となり，各議員が関心をもつ問題が，個別の地域や集団の利害に矮小化されることが懸念される．都道府県議会で見るならば，各議員は自らを選出する地域における問題を議会で議論することには熱心になるものの，他の地域における問題についてはどうしても関心が

薄くなりやすい．そのため，各議員が，都道府県という各選挙区を横断する領域全体が抱える集合的な利害よりも，各選挙区における個別的な利害に対して敏感に反応しがちになる．結果として，領域全体から支持される候補者が知事になったとしても，知事からの現状変更の提案に対して地方議会の側は基本的に現状維持を追求する行動をとりがちとなる（砂原 2011）．この傾向は，都道府県議会を構成する選挙区よりも定数が大きくなる市町村議会の場合に，より強められると考えられる．

都道府県レベルであっても市町村レベルであっても，自分たちの支持者に提供する個別的利益を重視する議員が個人として選挙のために競争する傾向が極めて強く，その領域全体の集合的利益に焦点を当てた政党が形成されることは困難となる．政党が作られたとしても，政党に所属するそれぞれの議員が個別的利益の実現を目指すライバルとして，政党内で競争することになる蓋然性が高い．他方，長は，地方議員たちの選挙における支持を受けて当選するような場合は個別的利益を無視できないのに対して，そのような支持関係がない場合には議員たちが追求する個別的利益とは異なる地域の集合的利益を追求しようとすることもある（河村 2008；砂原 2011）．とはいえ，地域の集合的利益という観点から連携を志向する首長が現れたとしても，地方議会で合意を取り付けることは容易ではない．

3.2　地方政府間の競争

二元代表制の政治制度は，地方政府間の関係にも影響を及ぼす．まず挙げられるのは，地方政府内部と同様に，選挙制度の影響によって地方議員が個別的利益を追求する傾向を持つ点である．同じ地方政府の内部でも個別的利益をめぐる競争が発生する状況で，他の地方政府の議員と連携することは容易ではない．しかも，個人投票が中心となり凝集性を持つような政党が存在しにくいため，地域を

超えて共通の目的を持つ政党が，個々の地方議員を規律づけるようなことは困難である．そのため，議会や政党から地方政府間の連携は生じにくいと考えられる．

二元代表制のもう一方の代表である長についても，事情はそれほど変わらない．長は，確かに集合的利益を志向する可能性があるが，その集合的利益は，あくまでも当該の地方政府の領域を志向するものである．連携によって広域の都市圏のような範囲で利益が見込まれたとしても，それが特定の地方政府にとって大きな費用を伴うものであれば，その地方政府の集合的利益の観点から長が連携に反対するようなことは十分に考えられる．また，地方議会において政党が発達していないために，長が必ずしも政党の基盤を必要とせずに当選することも重要であると考えられる．複数の政党が多元的に地域の集合的な利益を主張するわけではなく，長が集合的利益と称して一貫性や永続性に欠けた，近視眼的な主張を行うことも許容されがちである．長の交代などによって集合的利益の内容が大きく変わることもあり，その結果として，以前の長が集合的利益の観点から連携を主張していたものが，逆に新しい長の（別の）集合的利益の観点から覆されるようなことも考えられる．このように，長が地域の集合的利益を訴えたとしても，それはまず当該の地方政府にもたらされる利益が優先されることになり，必ずしも近隣の地方政府と共有可能なものになるとは限らない．

このような地方政府内部に起因する地方政府の競争に加えて，地方政府に「総合行政主体」としての性格を求める国による地方制度の設計のあり方も，地方政府の競争に影響をもたらしている．この総合性とは，国と地方を相互に連関させて自治制度を構築する融合性と，地方政府のレベルで各種の行政分野を可能な限り広く包括しようとする統合性を合わせたもの（金井 2007: 7）であり，個々の地方政府が国と協力しながら様々な業務を行っていく指向性を意味す

る．金井利之が指摘するように，日本の地方政府は総合的であること
を志向するために，それぞれの地方政府が自主的に意思決定を行った結果が非総合的になることは許容していない．つまり，地方政府が，ある特定の業務だけを切り出して独立性の高い特別な組織にその業務を行わせたり，他の地方政府に委託して行わせたりすることについて，国は否定的・消極的な立場をとってきたのである[3]．
その結果，地方政府はそれぞれにおいて定められた業務を行うことが求められ，特に地方政府の数が多い都市部では，同様の業務を行う主体として，同じレベルの地方政府との水平方向の競争だけではなく，異なるレベルの地方政府とも垂直方向の競争状態に置かれることになってきたと考えられる（金井 2007: 111）．

3.3　国と地方の関係

日本における府県は，もともと国の総合的出先機関として設置され，その知事は内務省から派遣されていた．市町村では，間接選挙によって独任制の市町村長が選出されていたが，その業務は国（内務省）に対して責任を負う形式となっており，しばしば指摘されるように，非常に中央集権的な中央地方関係として出発した．第二次世界大戦後，連合国軍最高司令官総司令部（GHQ）の指導のもとで実施された地方制度改革により，知事が選挙によって選ばれるようになる．その結果，都道府県・市町村ともに「自治体」としての性格を強めたが，それは国から自由に自律的な決定を行うことができるようになったことを意味するわけではない．

戦後において地方政府は公選の長・議会のもと，様々な業務を行うようになった．しかしその多くには機関委任事務と呼ばれる，個

---

3)　この総合性をさらに推し進める地方分権改革の結果として地方政府が「「自律性」を基盤に「依存」するという能力を失った」という金井の評価はまさにその通りだろう（金井 2007: 47）．

別の法律で定められた国の事務を，一定の交付金や補助金（国庫負担金）を受けながら，中央省庁の一般的な指揮監督のもとで執行する形式の業務が含まれた．このような機関委任事務は，単に戦前から続く地方を統制する手段という性格を持つだけではなく，福祉国家化が進む中で，国と地方が融合しながら行政の専門的処理を行うという要請に応じて増大する傾向があった（市川 2012）．社会福祉行政を中心に，国は全国一律の公共サービスについて決定し，一定の標準や手続きを定めたうえで，その実施を地方政府に委ねるのである．特に高度成長期以降は，単一の府県・市町村レベルでは処理が難しい行政需要への対応と，次第に顕在化する地域格差の中で全国的公平性・統一性を確保するためにもこのような方式が重要であったとされる（成田 1975）．この機関委任事務制度は，2000 年に地方分権一括法が施行されて廃止となるが，国が法律で定めた事務について，国が一定の負担を負いながら地方政府が実施するという大枠については変わっていない．

　活動の多くが国からの交付金や補助金に支えられている状況において，地方政府が新たに必要な事業を行おうとするときに，財源の多くを補助金に頼ることになる．東京のような大都市を除けば十分な財源を持っている地方政府は少ないし，また，標準税率以上に税率を上げるような地方政府も少ない．国が立法を通じて地方政府に大きな役割を与える一方で，地方政府の側は，国政政治家をはじめとした「中央へのパイプ」を可能な限り活用して国の資源にアクセスし，さまざまな事業を行っていくのである（打越 2005）．地方の側も，単に補助金を与えられるというのではなく，国が示すメニューから選択的に補助金を獲得しようとする（村松 1988）．特に選挙制度改革以前は，地方政府は国政の自民党政治家と協力しながら裁量的な公共事業のための補助金獲得を目指し，周辺の地方政府と活発な競争を行っていた（斉藤 2010）．集権的な構造であったからこ

そ，問題が生じたときには国との個別的な関係のもとでの支援や解決が求められることになったのである（佐藤 2006）.

4 政治制度の帰結

4.1 地域的な政党政治の不在と分裂した意思決定

前節で整理したような日本の政治制度は，フェイオックらの集合行為アプローチが導く議論と非常に整合的ということができる．まず日本においては，中央集権の伝統があり，それぞれの地方政府は国と個別的な関係を結んできた．総合的な行政主体である地方政府は自分たちの事業にとって何らかの助けを必要とするとき，まず求めるのは国からの支援であり，他の地方政府との連携によって問題を解決しようとする発想は弱い．また，それぞれの地方政府が総合性を発揮し，長のもとに統合が図られると，個別分野において他の地方政府と連携を行うよりも，可能な限り自らの地方政府内で事業を完結させる方が優先されるだろう．

選好の同質性という観点について，日本は欧米諸国と比べて民族的多様性が少なく，一般的には選好の同質性が高いと考えられる．この点では日本においても地方政府間の連携が活発であって不思議ではない．しかし現実の日本の政治制度は選好の異質性を強調する傾向があると言える．地方政府内部では，それぞれを選んだ民意に応えるために，長と地方議員，あるいは地方議員同士で重視する利益が異なり，地方政府の集合的な利益という観点から意思決定を行うことが容易ではない．地方政府間の選好についても同様で，公選の長は，それぞれの地方政府に特有の集合的利益を志向し，地方議員たちも自分たちの個別的利益を志向する．そのために，住民に注目すればその選好が似通っていても，代表に注目すると異なる選好

を持ちやすくなると考えられる．

　さらに，地域において，その集合的な利益を包摂する政党が生まれにくいことは，他の地域との協力や連携を困難にすると考えられる．その理由としてまず挙げられるのは，地方政府における代表である長や議員が，領域を超えて共通の目標を持ちにくいことである．ある政党が特定の目的を追求し，所属議員にその目的を果たすための行動を促すことができるとすれば，政党が紐帯として機能し，地方政府間の協力や連携は行われやすいだろう．なぜなら，その政党に所属する長や地方議員が，政党の掲げる目的を実現するために協力することが想定されるからである．しかし，長や地方議員が政党の規律に従わず，強い自律性を持っているとすれば，そのような協力関係を作ることは難しくなる．

　また，政党が弱く，長や議員が個人単位で意思決定を行うことが，地方政府間で長期的な関係を結ぶことを困難にする可能性がある．個人としての政治家が意思決定を行うとき，柔軟な決定が可能となるかもしれないが，その決定は必ずしも安定的ではない．例えば，住民の意思に素早く反応して施策を決定する政治家は，地域住民にとっては良いところが多いとしても，その政治家と長期的な約束をする他の地方政府の政治家から見れば，自分たちとの約束が強い拘束性を持つかどうかに疑問を感じることはあるだろう．さらに，選挙によって長が代わり，新たな長が政党などの組織の制約なしに個人として自由に意思決定しようとすれば，それまでに築かれてきた長期的な関係を維持するかどうか不透明になる．そのような不確実性が存在することで，政府間の長期的な関係を築くことが困難になるのである．

　このような政治制度の帰結は，分裂した意思決定である．それぞれの地方政府が自らの利益を志向し，互いに協力することが難しい．これは，非常に競争的な政府間関係として理解することも可能だろ

う（村松 1988）．しかし，競争とは言っても，日本では，いわゆる
「足による投票」（Tiebout 1956）や企業などを誘致するために税率
を引き下げる租税競争のようなことが明確に起きているわけではな
い（例えば西川・林 2006）．特に歳入面においては，超過税率を設定
しないなどの横並び的な財政行動をとる傾向にある．それぞれの地
方政府は，公共事業を中心とする開発事業や，保育・子育てのよう
に移住者に対してメリットのある分野を中心に，他の地方政府と競
うように支出を行っていることが指摘されている（曽我 2001；田中
2013；西川 2013；宮﨑 2018）．地方政府が自らの財源に国から受け取
る交付金や補助金を合わせて，このような事業をなるべく多く展開
しようという傾向であり，資源を持っている地方政府が近接してい
ると，事業量が調節されずに過大な供給となることも懸念される．

4.2　限定的な連携と合併による解決の限界

　分裂した意思決定を行う地方政府の間で生じる連携として，しば
しば指摘されてきたのは，地方政府同士が領域的・機能的に結びつ
いて，共通する利益を求めて国への陳情を行うような事例である
（金井 2008）．特に，地方分権改革の過程では，地方６団体などが連
携し，国に対して地方分権を求めてきた（阿部 2010；木寺 2012）．そ
れ以外の地方政府間の連携については，昭和の大合併と前後して，
早い段階から地方政府間の事務の共同処理を行う連携の制度につい
て整備され，社会情勢に応じて多様な制度が導入されてきた（木村
2019）．地方自治法以外の法律に根拠を持つ連携も含めると相当数
に上るが，そのような連携が十分に活用されているかというと，必
ずしも肯定的な評価とはならない．
　先行研究では，廃棄物処理という都市における非常に重要な公共
サービスで，複数の地方政府が連携して事業を実施している事例と
して，大阪府・大阪市・兵庫県・神戸市などが関わる大阪湾フェニ

ックス事業が注目されている（樋口 2019；鈴木 2021）．この事業では，連携したもののその計画が反故にされることによって，将来自分たちが損をするかもしれないという不確実性がある中で，府県と政令指定都市が長期的な関係を構築することができたことが指摘されている．その要因として，関係する地方政府にとって，埋め立て規制の緩和という共通の利益が存在したことと，大阪府・兵庫県のリーダーシップのもとで，地方政府間に信頼と互酬性が生じたことが強調されている（樋口 2019）．他方で，東京を中心として，同じ大都市圏の中で環境問題のように地方政府の領域を超えやすい問題であっても，相互の信頼が十分ではないことで連携が機能しないことが多い（鈴木 2021）．

　分裂した意思決定が行われるために，関係者の利害が錯綜し，合意形成が困難になるという課題は，実務の観点からも指摘されている（木村 2017）．また，連携することで地方政府の負担を軽減することができるものの，重要な業務を協力して行うというよりも，連携することで結果としてその業務についての関心や責任感が薄れるという指摘もある（森 2012）．これは，制度化されている地方政府間の連携のうち，全体の約 7 割と最も利用されている連携である「事務の委託」の半分程度が「住民票の写し等の交付」「公平委員会」「競輪・競馬・競艇」といった，地方政府にとって周縁的な事務で占められていることからも推測できるものと言える．他方，地方政府間の制度的な連携がそれほど活発とは言えない中で強調されてきたのは，事実上の連携のしくみであった（阿部 2010）．政府間の公式な関係ではなく，自主研究グループのような職員同士の私的なネットワークやコミュニケーションが幅広く存在し，共通する政策への対応のための情報交換を行うものである（田口 2008）．このような職員間の連携は，地方政府が他の地方政府の政策を参照して意思決定を行う政策波及につながることがある（伊藤 2002, 2006）．

ただしこのような政策波及は，地方政府間の協力を促すものというよりは，個々に望ましい政策を行おうとする競争がもたらすものと理解することができるだろう．

地方政府間の連携が弱く，地方政府が国と基本的に個別的な関係を結んでいる中で，国が全国一律の行政サービスの水準を上げることを志向すれば，それぞれの地方政府は総合的な行政主体として，自らの行政能力を向上させる必要に迫られる．そのような要請が合併の動因となっていくのである（金井 2007）．日本の場合，「明治の大合併」・「昭和の大合併」・「平成の大合併」と 3 回にわたって，国からの働きかけのもとで幅広く合併が行われてきた．合併で特に問題になるのが小規模な市町村であり，たとえば昭和の大合併では，新設中学校の設置管理のほか，消防と警察，福祉・衛生関係の業務などが市町村の担当になったことを受けて行われている（曽我 2019）．小規模な地方政府を昭和の大合併によって大規模化・高度化したことで[4]，直後の高度経済成長の行政需要に対応することが可能になったという評価もある（佐藤 2006）．

それぞれに分裂した意思決定を行う地方政府を，包括性・拘束性の非常に強い合併に至らせることは容易ではない．非常に大きな取引費用がかかるために，合併にはそれを乗り越えるための便益や制裁を必要とする[5]．国が地方政府のインセンティブを変えて取引費用を低下させる時限的な取り組みを行うことで合併を促すことにな

---

4) 市川喜崇は，このような小規模町村の能力拡充の要請は，必ずしも国からだけではなく，町村の側からも求められており，昭和の大合併自体はこの町村側の要請がきっかけになったことを指摘している（市川 2015）．集合行為アプローチの枠組みで言えば，このときは町村間の合併の取引費用を超える便益が想定されていたと理解できる．

5) 昭和の大合併では，一度合併という結論に至ったものの，その後合併への強い反対が表明されて，制裁の可能性があるにもかかわらず再分離が行われた事例もある（クラーマー 2020）．

る[6]．やはり地方分権改革による行政能力向上への要請を受けた平成の大合併の場合，国が合併することによる「アメ」としての合併特例債と，合併しない小規模地方政府に対する財政的な圧迫という「ムチ」を用いたことで，地方政府がやむを得ず合併を選択したということが強調されてきた（町田 2006）．財政的に厳しく高齢化が著しいことで，十分な行政能力を確保するのが難しい地方政府が合併を選択したという傾向は，実証分析によっても示されている（広田 2007；宮﨑 2018）．それだけではなく，特に編入合併のようなケースではリーダーとなるべき比較的規模の大きい地方政府が存在することで合併が促進されること，しかし合併しようというグループに財政力の格差が大きいと合併が実現しにくくなるという傾向も指摘されている（城戸・中村 2008；中澤・宮下 2016）．このような指摘は，合併には取引費用を引き受けるようなリーダーが存在するとか，相対的に同質的な地方政府であるという条件が必要になっていることを示唆するものと言えるだろう．

　しかし現在，合併を中心とする考え方は厳しい状況を迎えている．その理由としてまず挙げられるのは，平成の大合併によって市町村の規模が極めて大きくなり，これから先の合併が困難となっていることである．経済協力開発機構（OECD）諸国の中で比較してみると，日本はすでに相当程度に規模の大きい地方政府を抱えている．これ以上地方政府の規模が大きくなると，もはや「身近な」意思決定を行う組織というのは難しく，住民からの距離が遠すぎるように感じられるだろう．さらに，合併を行うに当たって国が介入したことが歪みをもたらしたという批判もある．財政的な圧迫によって小規模な地方政府で自主的な運営が困難になるとともに，国が提供し

6）　このようなかたちで国が地方政府のインセンティブに介入するのは日本だけに見られる事例ではない（Baldersheim and Rose 2010; Swianiewicz 2010）.

た合併特例債による公共施設の建設が地方政府に対して新たな財政負担をもたらしたという指摘もある（中澤・宮下 2016）．そのような中で，2010 年代には，政府も合併によって総合的な行政主体としての地方政府の能力を向上させるという平成の大合併の方針から舵を切り，連携協約を軸とした地方政府間の連携を強調している（山田 2021）．しかしながら，ここまで議論してきたように，地方政府の分裂した意思決定を前提として連携を行うのは容易ではない状況になっているのである．

5 | 本書の議論と構成

5.1 都市の中心をめぐる競争

　日本の地方政府間の関係が競争を基調とし，必要に応じて取引費用の大きい合併が求められるという大枠については，前節で示した通り，理論的な説明と先行研究の議論を整合的に扱うことができる．そのうえで，本書では，これまでには個別的な問題として捉えられることが多かった，政治制度が引き起こすと考えられる 2 つの大きな問題についてさらに論じていく．

　まず検討するのは，都市の中心をめぐる競争である．日本では，人や資源を集積し，その集積を拡大していく都市の地方政府について，自治の単位の見直しがしばしば行われてきた．1889 年，日本で最初に市制が施行された年，市とされたのはわずか 39 の都市に過ぎない特殊な地域であった（高松市がやや遅れて 1890 年に市制施行）．人口や産業が集積する市は，周辺地域から人口を吸収しつつ拡大していったが，現在の市に比べて，当時の市は格段に狭い．特に人口が集中する旧 6 大都市（東京市・横浜市・名古屋市・京都市・大阪市・神戸市）では，激しい人口流入によって，都心地域の

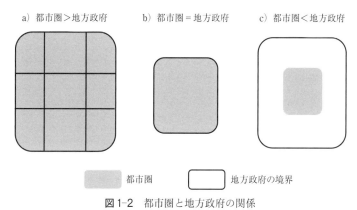

a）都市圏＞地方政府　　　b）都市圏＝地方政府　　　c）都市圏＜地方政府

都市圏　　　　　　　地方政府の境界

図 1-2　都市圏と地方政府の関係

出典：曽我（2016）

居住地はすぐに飽和した．そのため，周辺町村に多くの人々が居住していくようになり，都市の地方政府はそれを受けて周辺の町村を合併することで，その境界を物理的に広げていったのである．6 大都市ほどではないにせよ，多くの市が特殊な人口密集地域として，その外縁を拡大していった．

　曽我謙悟が指摘するように，都市の地方政府は，仮にそれがもともと社会経済的な都市圏と一致するように設定されていたとしても，時間の経過とともに両者には乖離が生じていく可能性がある（曽我2016）．焦点となるのは，人口や産業が集積する都市地域と地方政府の領域の違いである（図 1-2）．都市地域が中心となる地方政府を超えて広がる場合，都市圏が多数に分節されることになり，都市全体の発展よりも，分裂した意思決定を行うそれぞれの地方政府が，都市から得られる経済的な果実を自分たちの領域に還元することを好むかもしれない．政令指定都市である大阪市とその周辺はまさにその典型的な事例だと考えられる．戦前の大阪市はその都市圏の発展とともに周辺の町村を合併して拡大していったが，戦後に入ると

都市圏がさらに拡大していく一方で，大阪市が周辺の地方政府との合併を希望しても大阪府や国との合意に至らず，合併することができなかった（砂原 2012）．結果として，政令指定都市である大阪市と，本来はより広域を管轄する大阪府が大阪都市圏をめぐって競争し，二重行政，あるいは二元行政と呼ばれるような事態が出現した．それだけではなく，大阪都市圏に含まれる周辺市についても，大阪府や大阪市による計画とは異なる独自の都市計画が実施されることになり，郊外化への圧力を強めた．

　大阪に限らず，都市のマネジメントを行う市という地方政府の上に，府県という広域の地方政府が存在していることで，分裂した意思決定を行う地方政府の間での中心的な都市圏をめぐる競争が生じる．既に述べたように，もともと市は限定された地域であり，その多くは県庁所在地でもあった．県庁が存在するということは，その都市の中に管轄の異なる2つの権力が存在していることを意味する．もちろん両者が協力することもあり得るだろうが，狭い都市圏を重視する市と，より広い府県域を考えなくてはいけない府県では，似たような都市開発の事業を行ったとしてもその目的が異なることも珍しくはない．より直接的には，県庁所在市の中心市街地に対する強力な競争相手を，広域を所管する府県が創りだしてしまうという事態も起こりうる．しかも皮肉なことに，事業を行う府県にとっての最も主要な財源は府県域の法人税であり，これは府県の中心たる県庁所在市での経済活動が生み出した税なのである．第2章では，この府県と県庁所在市という2つの地方政府の関係について，それぞれの政治的な中心である庁舎の存在をめぐる議論を跡付けながら検討する．その検討を通じて，県庁所在市にその庁舎を置きつつも県庁所在市よりも広範な地域の発展を目指す府県の志向を浮き彫りにする．

　反対に，地方政府の領域が拡大しすぎて，人口や産業の集積が存

在する都市圏の範囲を大きく超えてしまうときも問題が生じる。潜在的に分裂した意思決定を抱える地方政府内部で，都市と郊外の対立が発生する可能性があるからである．都市部と合併した地域は，その都市部がもたらす経済的な利益を郊外地域に還元することを求め，都市にとっての負担になるのである．集積が進む都市部では，混雑や地価の高騰などの負の影響もあって人口が郊外に流出し，人口の減少とともに都心部の政治的な影響力は弱まることになる．他方で郊外に住む住民は，都心部よりも自分たちが住む地域への資源配分を要請する契機を持つ．郊外部の人口が増え続けることは，地方議会のような意思決定の場で郊外の個別的な利益が代表されやすくなることを意味し，郊外を重視した資源配分を可能にする条件となる．第3章では，もともと交通の要衝として栄えていた2つの港湾都市が，国や府県の意思を背景とした他都市との競争によってその地位を脅かされ，資源が乏しい中で周辺地域を合併することでその困難を深めていくことを描き出す．その困難は，日本における県庁所在市ではない，一般的な都市が共通して直面するものであると言えるだろう．

　政治制度が分裂した意思決定を促し，都市の中心をめぐって複数の地方政府の間での，あるいは地方政府内部での対立を生じさせやすいことは，社会経済的な圏域としての都市の一体性を傷つけて地方政府間の連携を困難にし，都市の活力を削ぐ可能性がある．もちろんそれは日本のみの問題だけでなく，グローバルなレベルで相互に競争しつつ，その内部には分節した地方政府を抱える世界の大都市にも共通する問題であると考えられる．第4章では，国際比較が可能なデータを利用して，大都市に内在する地方政府の数の多さ，すなわち分節化の進展が大都市のガバナンスに負の影響を与えるのではないかという仮説を検証する．その検証によって比較の中に位置付けたうえで，大都市圏では地方政府間の競争が，小規模な都市

では地方政府の領域が拡大しすぎていることが問題になる日本の状況について論じる．

5.2　分裂した意思決定の中での住民投票

　次に検討するのは，日本においては1990年代後半以降に実質的に登場した住民投票という新たな直接民主主義の制度である．1996年に初めて実施された新潟県巻町の住民投票は，原子力発電所の建設についての住民投票であり，言うまでもなく巻町のみならず電力消費地である都市にも関わる広域的な影響を持つ意思決定である．また，その後に行われた住民投票は，在日米軍あるいは自衛隊の軍事基地に関わるものや，産業廃棄物処理場建設に関わるものであり，これらもいずれも本来は広域的な観点からなされるべき意思決定であった[7]．領域を超える課題であるにもかかわらず，特定の地方政府の中での住民投票によって，当該施設に対する地域住民の集合的な意思が，しばしば地方議会の決定を乗り越えるかたちで示される．そのようなかたちで示された民意は，必ずしも法的拘束力を持たないとしても政治的には正統性を持ち，領域を超える課題への合意を困難にすることも多い．

　住民投票には，本来は超党派で議論が行われた長期的な地域の課題について，住民の間での意思の統合をもたらし，地域としての最終的な決定となることが期待される．しかし，地域的な政党政治がなく，分裂した意思決定が行われる日本の政治制度のもとでは，そのような長期的な決定は困難となる．それは，現職の長や議員への支持が，論争となっている課題への態度によって判断され，既存の積み上げられてきた決定に関わってこなかった人々が，特定の論点

---

7)　巻町以前に実現しなかったものの検討されてきた住民投票も，やはり基地や原発に関するものが目立つ（森田・村上 2003）．

のみを強調して多様な選挙に参入することができるからである．現職の政治家たちは，挑戦者への対抗上，批判を受ける可能性がある争点で明確な立場を打ち出しにくくなるし，敗北するとそれまでの決定が覆される可能性も出てくる．結果として，原発や基地問題のように，地域の長期的な課題として扱われるべき問題が短期的な政治争点として扱われ，他方で，民意を動員するためには長や地方議会の選挙だけでなく，その解職請求や住民投票なども用いられることになる．ある時点での民意を集約する機能を持つ選挙と長期的な決定に関わる住民投票は同列に扱われ，そのときの意思決定者を支持するかどうかという論点に回収されてしまうのである．

　地域住民の反発を招く可能性がある広域的な争点について，国と地方政府が個別的な関係を結び，その補償として地方政府は必要な事業を行おうとするときに国からの補助金獲得を模索するというのは，かつて広くみられた手法であった．国から見れば，地方政府を誘導する手段として交付金や補助金を用いることもできたのである．しかし，1990 年代後半以降，国・地方を通じた財政危機もあってこのような誘導を用いるのが難しくなってきている．そのため，地方政府間あるいは地方政府内の決定によって不利益を受ける利害関係者に対して，実質的に国の資源を利用した十分な補償が行われにくい．補償によって合意を得て，地域の意思を統合することが難しい中で，長や議会の選挙やその解職請求，そして住民投票という新たな方法で，地方政府の領域を超える課題に対して分裂した意思決定が示され，対立が先鋭化することになると考えられるのである．

　日本の地方政府で住民投票の実施が増加する一方で，これまでの研究では，主にその正統性の問題を含む制度的側面（森田・村上 2003）や，個々の住民投票のプロセス（今井 2000, 2021；上田 2003；中澤 2005）に焦点が当てられてきた．それらの研究の多くでは，なぜ住民投票に至ったのか，そして住民投票の結果が実現したのかと

いう点が注目され，その中で地方議会は基本的に住民投票を阻む存在として描かれる傾向がある．しかし，地域住民から見れば，地方議会も自分たちが選出した代表であり，常に住民投票の結果が優先されるべきか自明ではない．そのような観点から，第5章では，日本における住民投票の結果が，地方議会の決定と比べてどのような正統性を持つと認識されているかについて，オンラインでの意識調査を利用して検討する．この検討からは，住民投票の結果が常に地方議会の決定に優越するわけではなく，投票率や得票率などの条件によって柔軟な解釈を許すものであることが示唆される．

　日本における住民投票は，平成の大合併をきっかけに広範に普及した．しかし合併における住民投票はひとくくりにできるものではなく，合併協議会を設立するかどうか，長や議会が提案する合併の枠組みに賛成するかどうか，そしてどのような枠組みで住民投票を行うか，といった類型が存在した．必ずしも日常的な連携を発展させて合併に至るようなものでもない中で，どの類型の住民投票が，どのようなタイミングで実施されるかということは，長や議員の，できれば自分に有利な結果を引き出したいという戦略的な判断に大きく依存し，実施の是非や結果の解釈をめぐって住民投票での民意の表出に論争的な位置づけが与えられることになる．第6章では，類型ごとに住民投票を整理して，その特徴と住民投票後の帰結について検討し，平成の大合併における住民投票が，状況に応じて戦略的・道具的に利用されていたことを示す．

　本書の観点から特筆すべきは，全国的な注目を集め，その結果に法的拘束力が生じるとされる大阪都構想の住民投票である．大都市である大阪は，有力な地方政府である大阪府と大阪市を中心として，分裂した意思決定が行われる状態が長く続いてきた．その意思決定を統合することを重要な目的として追求された大阪都構想は，大阪維新の会という地方政党によって主導されたという点でも極めて例

外的な特徴を持っている．第7章では，大阪都構想の内容の是非や住民投票の実施の是非をめぐり，国政と大阪府・大阪市の地方政治を横断しながら10年にわたって続いた論争を，民意の動員という観点から整理する．大阪維新の会は，大阪都構想を旗印として，政党への支持と政策への支持を巧みに交差させながら大阪府市を運営してきた．大阪都構想は有権者によって否決されているが，この政策への賛否を軸として，長や議会の選挙を行う状況が作り上げられていくことが，大阪維新の会の政党としての成功にもつながっていたことを議論する．

　ここまで述べてきたように，日本の政治制度が持つ特徴のために，それぞれの地方政府は自分たちの領域に強く拘束され，他の地方政府との協力や連携が困難になっていると考えられる．本書では，そのような状況のもとで生まれる分裂した意思決定という特徴が，都市の発展や政治の安定を阻害してしまう可能性があることを議論していく．分裂した意思決定に関する検証を立体的に重ね合わせていくことで，この困難とどのように向き合えばよいのかについての手がかりを探っていくのである．

第2章 | 都市の中心をめぐる垂直的な競争
県庁所在市の庁舎

はじめに

　人口や産業が集積する都市は，政治権力にとって関心の対象となる．集積によって生み出される資源があり，その資源はあらかじめ特定の政治権力に帰属するわけではない．都市を形成する地方政府が，都市の成長のために再投資を行おうとするだけでなく，都市のみならずその後背地を含めた広域を管轄する地方政府，あるいは国が，都市がもたらす資源を用いて再分配を行おうとすることもある．さまざまな政治権力が，それぞれに望ましいと考える資源の配分を行うために，都市が生み出す資源をめぐって分裂した意思決定が生まれることになるのである．

　本章で扱うのは，日本の中で相対的に都市化の進展が早かった各道府県の県庁所在市における政治的な中心として象徴的な意味を持つ庁舎の位置をめぐる，複数の政治権力の間での競争である．県庁所在市は，明治維新以前から発展してきた都市が選定されることが多く，1889年に施行された市制で当初から市として指定された39都市のうち，県庁所在市でない市は7都市（弘前市，米沢市，高岡市，堺市，姫路市，赤間関市（現下関市），久留米市）だけであった．基本的には府県内で最大の都市が県庁所在市として選定され（顕著な例外は青森県（弘前市）と山口県（赤間関市）），そこには国の総合的出先機関であった府県の庁舎と，都市の発展に関心をもつべき市の庁舎が同時に置かれることになった．

　このように県庁所在市において，府県と市という2つの政治的な

中心が存在することは，都市の発展にとって複雑な効果を与えうる．府県の側は，府県という広域の単位を前提として意思決定を行おうとするし，県庁所在市の側はその都市の発展を支えるような意思決定を好むだろう．両者が協調して県庁所在市を都市として発展させようとすることもあれば，府県と県庁所在市が異なる志向を持った分裂した意思決定を行うことも考えられる．

　府県は，当初国の総合的出先機関として設置され，戦後には公選の知事に率いられる広域の地方政府として再定義されることになった．2000年代以降は道州というさらに広域の地方政府を求める運動も見られる．他方で県庁所在市については，府県からの独立を求めるほどに自律性の高い大都市が存在するとともに，府県内で第一の都市ともみなされない都市もある．また，平成の大合併を通じて，周辺の市町村と合併し，都市としての性格を変えているところも少なくはない．このような府県・都市をめぐる環境の変化の中で，その政治的な中心たる2つの庁舎がどのような存在として扱われてきたかを跡づけることは，第1章で示した日本の地方自治の特徴を読み解く重要な手がかりとなるだろう．

　以下，本章は，時代の推移にそって次のように展開される．第1節では，近代以前の政治権力の中心であった城郭との関係に注目しながら戦前の府県庁舎を概観する．多くの府県が城郭付近に官庁街を形成した意味を議論し，そのような官庁街が形成されなかった都市として大阪を取り上げて分析する．第2節では，戦後の占領改革によって戦前と異なる位置づけを与えられた府県と市が庁舎という存在をどのように扱ってきたかを述べる．この節では，戦前は県庁舎であった都市の中心が市庁舎へと置き換わっていく過程が描写される．さらに第3節では，平成の大合併という都市の中心となりつつある市庁舎を取り巻く変化に注目してその効果を分析した上で，大合併が引き起こす広域での地方政府の再編成という問題について，

やはり大阪の庁舎を事例に取り上げながら議論する．最終節では，以上の議論をまとめた上で本章の知見を整理する．

1 戦前の府県庁舎

1.1 城郭と庁舎

　府県制・市制町村制の施行によって，現代まで通じる日本の地方自治の基礎が築かれた明治期に県庁所在市に指定された都市の多くは，伝統的な城下町であった．しばしば軍事目的が強調される城下町だが，都市計画の観点からは，軍事は目的の1つに過ぎず，藩領の中心地として都市機能を計画的に集積・配置して，その時代の都市への期待を担って建設されたものであると理解される（佐藤・城下町都市研究体 2015）．現在まで続く 47 都道府県の県庁所在市のうち，明治維新以前の城下町に基礎を置く都市は 34 に上り（松浦 2005），港湾を中心とした都市（横浜市，新潟市，神戸市，長崎市）や門前町などを基礎に置く都市（長野市，京都市，奈良市）と比べても圧倒的に多い．また，江戸時代の都市に基盤を置かない県庁所在市（北海道，青森，千葉，埼玉，宮崎，沖縄）は限られていた．

　城下町に基礎を置く都市の特徴は，城郭を中心として「官庁街」が形成されていたことである．34 の都市のうち，東京市・岐阜市・大津市・山口市を除いた 30 の都市における庁舎の設置について検討した松浦健治郎によれば，このうちの 22 の都市で城郭に近接する位置に官庁街が形成されていたという（松浦 2005）．また，官庁街というには分散的であるとしても，津市・松山市・宇都宮市の 3 市では，城郭の近くに庁舎が分散的に設置されていた[1]．

　　1）　このうち，松山市と宇都宮市については，他の城下町に基礎を置く都市

城郭の近くに庁舎が置かれた理由として真っ先に考えられるのは，明治政府が明治維新以前からの封建的な政治権力の象徴を利用したというものだろう．府県庁舎をどこに設置するかという場所の選定理由についての資料は欠けているために（松浦ほか 2004），正確なところはわからないが，廃藩置県によって廃止された旧来の藩とそれに代わって地域を統治する府県との連続性が強調される．当初は封建領主的な性格を持った地方官が，藩庁に倣って府県庁舎を築き，一定の裁量を保持する支配者としての地位を表現しようとしたという指摘もある（石田 1991）．世界史的には「革命」とも位置づけることができる明治維新と廃藩置県によって政治権力の交代が行われたにもかかわらず，新しい政治権力が旧い政治権力の施設を統治のために利用したのである．

　もちろん，権力の象徴という意味だけが全てではない．もともと城郭が設置されていた周囲には，以前の支配層が構えた武家屋敷が集まっていることが多く，明治政府に権力が移り府県制を施行するにあたって，そのような敷地を新たに公的な施設のための用地として利用することができたのである．城郭を中心としてその周辺に官庁街という集積が形成されたのも，用地取得の簡便さによるものという側面がある．

　明治新政府が安定していく中で，府県庁舎に洋風建築を取り入れて，新たな威光による統治への試みが進められた（佐藤 2020）．三島通庸（栃木・福島・山形）や藤村紫朗（山梨・愛媛）のような革新的な知事がこのような試みを進めていったほか，内務省の庁舎を参照しながら地域の中心である県庁が作られていく．しかし，都市

と同様に，県庁を中心とした官庁街になっているものの，津市だけは例外的に県庁のみが離れた位置にある．当初の津県時代には津城内に県庁が置かれており，津県→安濃津県→旧三重県→新三重県（渡会県と合併）と変遷することで，県庁の位置づけが変わったと考えられる（西村 2018: 180）．

の地方政府ではなく，国の出先機関である府県の庁舎が地域の中心となったことによる影響も大きい．複数の県で県令を務めた三島通庸が設計した山形市・宇都宮市の都市計画を分析した佐藤滋と野中勝利は，戦後のある時期までは城郭を中心とした都市においても府県と市で整合的な都市計画が進められていたと指摘する（佐藤・野中 1993）．官庁街という言葉からもわかるように，府県の庁舎と都市の庁舎は一体的に整備されており，特に戦前においては，三島の指導にみられるように，国の総合的出先機関であった府県が主導するかたちで県庁所在市の整備が行われてきたと考えられる．

　佐藤と野中は，都市の整備は戦後のある時期まで一貫して整合的に行われたものの，高度経済成長とともに進められていく開発事業の多くが都心の中心市街地ではなく周辺部に振り向けられるようになることを指摘している．戦後，府県の知事が中央から派遣されるのではなく，選挙によって選ばれるようになることで，府県は国の要衝としての都市よりも，市外の開発に目を向けるようになるのである．それに対して，府県に依存するかたちで都市を整備してきた県庁所在市の地方政府は，府県に代わって都市の整備を行う構想や財源を十分には持たなかったと考えられる．そして，府県が強くて政治権力がより統合されているような都市ほど，都市の整備について府県の役割が大きく市との新たな機能分担の確定が難しかったことが推測できる．

　他方で，城郭の近くに庁舎が置かれなかった都市も明らかな特徴をもつ．その特徴とは，廃藩置県後に城郭を所管することになった陸軍が，継続して城郭施設を利用したということである．松浦は，そのような都市として，城郭と離れた地域に官庁街を形成した仙台市，名古屋市，広島市，福岡市と，城郭と離れた地域に庁舎が設置され，官庁街が形成されなかった大阪市を挙げている（松浦 2005）[2]．先に軍が城郭内を利用したこれらの都市では，城郭付近を庁舎とし

て利用することができなかった[3]．ただし，愛知県・名古屋市，大阪府，広島県のように，後の軍施設の移転によって城郭付近に庁舎が作られることはあった．これらの都市では戦後に旧軍用地が庁舎や文教施設，公園，公的住宅などの公共施設として利用されていくことになる（今村 2017）．

城郭から離れて庁舎が設置された都市では，軍が城郭施設を利用したというだけではなく，後に全て政令指定都市となる大都市に成長したという共通の特徴を持っている．それに対して，当初から城郭付近を庁舎として利用した都市では，平成の大合併を通じて政令指定都市となった都市はあるものの[4]，基本的に都市としての成長は頭打ちとなっている．港湾を中心とした都市や明治に入ってから建設されていった都市と比べてみても，旧来の政治権力である城郭付近に官庁街を設置した都市の苦戦は明らかだろう．

1.2　府県と都市の競争──大阪という特殊例

早々に大阪城という名城が軍の管轄下に置かれることになった大阪で，府市の庁舎がどのように設置されてきたかを跡づけることを通じて，例外的な事例だとしてもある理念型を析出することができる．なぜなら，大阪市は戦前の日本において東京都に並び最も高い自律性を誇った大都市であり，それゆえに都市を管轄する大阪市と国の総合的出先機関である大阪府との関係が問題になったから

2）　その他，軍が城郭施設を利用しつつ，県庁舎・市庁舎が城郭近くに置かれた都市として，熊本市と金沢市がある．金沢市については，軍を中心とした「軍都」とする分析もある（本康 2010, 2017）．

3）　軍がもともと城郭を利用していなかったものの，のちに連隊誘致のために城郭を提供した都市として，静岡市と山形市がある（松下 2013）．

4）　熊本市と静岡市がこれに当たる．なお，熊本市では熊本城に第 6 師団司令部が設置され，静岡市では静岡城に第 32 歩兵連隊が設置されていた（松下 2013）．

である.

　大阪市は，市制の施行当初から，特別な大都市として他の県庁所在市と異なる扱いを受けてきた．東京市・京都市とともに特例のもと市であるにもかかわらず，府知事が市長を兼ねるということにされたのである．大阪市としての職制はなく，市民への業務は区役所（4区）が行うのみであった．その理由は，大都市である大阪市を国の直轄として扱うことで，十分に統制を取りながら経済成長を図るところにあったと考えられる．府が市長を通じて間接的に都市をコントロールするのではなく，府知事が市長を兼ねることで，直接コントロールができるようになるのである．

　そのため大阪市の庁舎は，もともと独自のものとして設置されていない．「大阪府庁のなかに大阪市役所があるという考え方」（山中1995: 18）のもとで，1874 年に建設された大阪府の江之子島庁舎の中に大阪市会も置かれていた．市会は 1889 年に「府庁舎門前に大阪市役所の標札を掲ぐるの建議案」なども出すものの，結局無視されてしまう．大阪市，特に大阪市会にとっては，東京市や京都市と協力してこの市制特例を廃止することが非常に重要な問題であると位置づけられることになった（図 2–1）.

　市制特例が廃止されたのは 1898 年であり，これを受けて大阪市でも市役所や独自の職制を設置する必要が生まれる．ただ市庁舎については，「本市役所は追て其位置を定むる迄当分の内大阪府庁内に設置す」として府庁舎の一部を無償で借用し続けていた（平塚1998）．大阪市内 4 区の市会議員たちが庁舎の場所を巡って争奪戦を繰り広げたため，移転先はなかなか決まらず，1911 年にようやく中之島公園案で議決され，建設が進められることになる．その間大阪市の内部機構は膨張して庁舎の狭隘化が進み，はじめは府庁舎の北隣，ついで大阪市立高等商業学校（後の大阪市立大学）が火災で消失した跡地の堂島浜に仮庁舎が建設された．特に堂島の仮庁舎

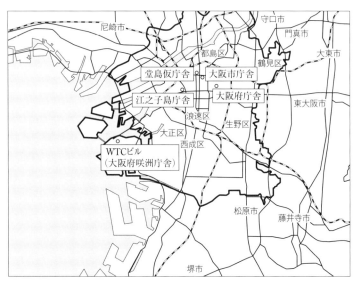

図 2-1　大阪府庁舎・大阪市庁舎の位置

注：図の太線は現在の大阪市の境界を示している.

は，仮とはいえ当時の大阪府庁舎の倍程度の面積を占めるもので，初めて大阪市会としての議場も建設している.

　1921 年 5 月，大阪市庁舎は現在の位置に建設されるが，これは市庁舎として例外的であることはもちろん，府県の庁舎と比べても大規模なものとなった．設計に当たってはコンペティションで建築家を募集して名だたる建築家を集め，優に普通の府県よりも大きい壮大な計画を立てている．明治末の府県庁舎は基本的に煉瓦造りの 2 階建てで，建坪が 700-900 坪程度であったが（石田 1991），大阪市の最終的な建築計画は，地下階も含めた 6 階建て，建坪は 1049 坪で延べ 6274 坪というものとなったのである.

　この時期の大阪市は，池上四郎・關一という 2 人の長期在任した名市長のもとで大きな発展を成し遂げた時期であった．1925 年に

隣接する東成郡・西成郡と合併して（第二次市域拡張），当時の東京市を上回る人口・面積を擁し，「大大阪」と呼ばれるようになったのはその絶頂期であったとも言える[5]．その時期に，大阪市庁舎は市の枢要地区として発展しつつあった北区へ置かれることになり，市長のもとで壮大な都市計画の実現が目指されたのである．

　他方，大阪府は，長く江之子島に府庁を置き続けていた．この府庁自体，「時の知事渡邊昇が本府に来任するや，当時の漂茫たる西大阪湾を俯瞰し，必ずや将来本市（ママ）は西に向って発展し，天保山を玄関とする殷賑なる大大阪が出現すべく，此地こそ其中心たるべしと予想して庁舎の敷地を定め，且つ本庁を西向きに建築せしめた」（『西區史』，平塚 1998: 22）という記述に見られるように，大阪の中心を志向していたものである．しかし2階建てで延べ1000坪に満たない庁舎であり，近代国家の建設とともに府の業務が増し，次第に手狭になってくる中で増築によって凌ぐのも限界を迎えていった．

　大阪府庁の移転の候補地として，当初挙げられたのは，大阪市庁舎と同じ中之島であった．しかし，府市の両庁舎を中之島に置くことは結局認められず，1922年には陸軍省用地となっていた大阪城近辺の空き地の払い下げを受け[6]，現在の土地に大阪府庁舎が置かれることになる．大阪府庁舎が，市の庁舎と並ぶかたちで設置されるのではなく，伝統的な政治権力である城郭の周辺に回帰していったのは，市と異なる権威付けを狙う府の行動として興味深い．そして，市庁舎と同じように，コンペティションを経て建築計画が決定され，大阪市庁舎を超える建坪1939坪，延べ9238坪という戦前最

5）　当時を回顧した座談会では，それを示すために，当時の大阪で最も高い尖塔を建てたというエピソードが紹介されている（座談会 1969）．

6）　もともと輜重兵第4大隊衛戍地．なおこの施設は，その後大阪城の南，法円坂に移転し，さらに堺市長尾町（現在は近畿中央呼吸器センター）へ移転している．

大の府県庁舎として建設されることになったのである（石田 2011）．そして，後にその周辺には国の出先機関の庁舎などが多く立地し，官庁街を形成することになった．

　戦前の大阪の事例からは，大都市を統制しようとした国と，その統制から逃れようとした地方政府の分裂した意思決定をうかがい知ることができる．国が府県を通じて大都市を直轄しようとするのに対して，地方政府は別の位置に庁舎を建築することを模索し，当時の都市経済の中心地に府県と比べても大規模な庁舎を建てるのである．そのような地方政府に対して府県の側は，伝統的な政治権力の中心である城郭の近くに，市庁舎を上回る威容の府庁舎を建てる．都市を上回る府県 - 国の権威を示そうとするのである．

2 ｜ 県庁舎の位置づけの変化

2.1　象徴としての県庁舎から高層ビルへ

　戦前日本では，大阪市のような顕著な例外はあるものの[7]，県庁所在市でも多くの市庁舎はそれほど大規模なものではなく，県庁を中心とした官庁街の中に位置づけられる程度であった．その理由としては，地方への行政的な分権が進んでおらず，少数の大都市を除いて都市の地方政府にとっての仕事がそれほど多いわけでもなく，大規模な庁舎を必要とはしていなかったことがあった．また，一般の地方政府にとっては大規模な庁舎を建設するような資金を調達することができなかったということも大きい．旺盛な資金需要に対してその供給は逼迫しがちであったために，地方政府が多額の借り入

　7）　そのほか戦前に例外的に整備されていた市庁舎としては，京都市庁舎・名古屋市庁舎がある（村田ほか 1996）．

れを行うようなことも難しかったのである．

　占領改革によって地方分権化が進められようとした戦後初期も，その傾向は引き継がれている．戦争によって多くの建築物が被災・滅失し，また地震や火災などの災害によって被害を受ける中で[8]，本格的に再興されていくのはまず県庁舎であった．1953 年からは庁舎の建設を目的とする地方債の発行が認められ，当時行われていた昭和の大合併ともあいまって徐々に市庁舎が建設されるようになるが，1960 年代前半まで，戦災で被害を受けた庁舎を中心に県庁舎が建設されていくのである．これは依然として都市を管理するのが府県であったことを示すものであったといえるだろう．

　それがわかりやすく表れるのは，戦災復興に際して県庁舎を中心として官公庁の集中配置が進んでいった広島市だろう（石田 1991: 371）．既に述べた通り，もともと広島市では広島城の周辺を軍が利用していたが，戦災復興によって県庁舎を中心とした公的施設が広島城周辺に移設されている．ただし，市庁舎については，1928 年に新築された庁舎が原爆で大きな被害を受けたものの修復を経て 1985 年まで継続使用された．ここからは広島市が大都市としての自律を模索しつつ，広島県の側は伝統的な権威によるという大阪府と同様の構図が見て取れる．

　その他にも，著名な建築家である丹下健三の手による東京都庁舎や香川県庁舎（図 2-2），費用がかかりすぎたことで当時「東北の 3 バカ」（石田 1991: 369）と呼ばれたという福島県庁舎など，象徴性をもたせた県庁舎が作られていくのもこの時期である．1950 年代というまだ戦争被害が色濃く残されているような時期に，モニュメン

　8）　戦争によって被害を受けた庁舎は，青森・東京・岡山・広島・香川・長崎・熊本・沖縄であり，高知・兵庫・鹿児島などでも損壊があった．さらに終戦前後に災害などで破壊されたのは鳥取・島根・埼玉・佐賀などがある（石田 1991: 367–368）．

トとしての県庁舎が作られていくのは，占領改革によって知事が選挙で選ばれるようになった都道府県が都市における自治の中心であることを内外に示す効果を持っていたと考えられる．

図 2-2 香川県庁舎（現庁舎東館）〈写真提供：香川県〉

しかしそのような時期は長くは続かない．石田潤一郎が指摘するように，1960年代に入ると，県庁舎はその象徴性を低下させていく（石田1991）．著名な建築家ではなく，建設省営繕局などに設計を依頼し，費用を抑えて実用性の高い庁舎を建設しようという傾向が生まれるのである．丹下健三の建築で好まれるようなピロティや広大なベランダなどは費用とスペースの無駄ということで，より能率的な事務が可能になるような常識的な建築が作られる．また，この時期には千葉県や大分県のように戦争や自然災害による被災を受けていない庁舎が老朽化という理由で建て替えられることも始まったという．これもやはり増大する業務に能率的に対処するための反応として理解することができるだろう．

2.2 都市の中心から移転する県庁舎

1960年代後半からは，従来と異なる動きが生まれることが観察できる．それは，県庁所在市という都市の中心が県庁舎から市庁舎へと変化していく動きである．その先鞭をつけたのが，1966年に県庁舎が市の中心部から移転した岐阜県である（図2-3）[9]．

---

9) 以下は松田之利らの記述に依拠している（松田ほか2000）．ただし，当

岐阜県では，1961年に岐阜県立医科大学の国立移管が問題となり，移管のためには狭い大学を広くするための土地が必要とされることになった．それを受けて，岐阜県出身の大物代議士である大野伴睦は，当時の大学病

図 2-3　岐阜県庁舎（写真提供：岐阜県）

院に隣接する県庁舎を国に明け渡して庁舎移転をしてはどうか，という発言をし，議論を喚起することになった．当時の岐阜県は，東海道新幹線の羽島市設置が決まった直後で，その勢いに乗る羽島市が県庁を誘致する動きに出たこともあり，県庁移転の議論が本格化することになった [10]．

　当時の岐阜県県知事は県会議長から転じた松野幸泰である．松野は羽島市ではなく岐阜市内への県庁の移転構想を打ち出し，「一番遅れた所を開発して一番いい所にする」（松野 1992: 227）と郊外の田園地帯にあった県有地への移転を進める．中心市街地から離れた大きな庁舎の建設には，県政野党であった社会党や，当時松野と政治的に対立してしばしば知事候補に擬せられた松尾吾策岐阜市長などが反対するものの [11]，自民党の賛成によって移転が可決される [12]．

時の松野幸泰知事によれば，こういった説明はあくまでも表向きのもので，松野自身はより早い段階から庁舎移転を構想していたという（松野 1992）．
- [10]　県庁所在市を変更するという議論が行われたのは，岐阜県の他に 1950年代の埼玉県（県庁の火災消失による）と 1960 年代の奈良県，福岡県などがある．
- [11]　松野によれば，両者の反目は凄まじく，市の事業が県の査定で止められ

このように一部の反対は存在したものの，自民党の支持によって県政で大きな争点とはならず，地元紙からも「県庁舎建設地が将来飛躍的な発展が期待される岐阜・大垣・羽島の要衝にあたる場所」（岐阜日日新聞）として用地選定が評価されていた．

　松野県政期は，高度経済成長期の自然増収を受けて一貫して財政が膨張し，公共事業を充実させる傾向があった．多くの道路整備を行った知事らしく，県庁舎の移転に際しても駐車場スペースを重視したとされる（松田ほか 2000）．この岐阜県庁舎の移転からは，そのような知事が行った大規模公共事業というだけではなく，経済成長が進み道路網が整備される中で従来の都市の中心から離れたところに独自の拠点を設けようという分裂した意思決定への志向が見て取れる．重要だったのは都市の中心ではなく，郊外の開発ということなのである．

　同様の庁舎移転は，熊本県（1967 年），山形県（1975 年）でも見られる．熊本県では，当時の寺本広作知事が，「当初は市中心部に」と考えたものの，「識者の新聞への投書を読んで発想を転換」して，市の東部への移転を進めたとされる．この決定は，庁舎建設にかかる費用を抑えて県市の将来の発展に資するものであったとしてやはり地元のメディア（熊本日日新聞）から高い評価を受けている [13]．山形県も同様で，新たに建設された高速道路や国道に近い立地が将来の県市の繁栄につながるものと評価されて庁舎移転が行われている [14]．

　庁舎移転を初期に行った岐阜・熊本・山形の顕著な特徴は，県知

　　たり，市長を汚職で告発することまで考えた県幹部もいたという（松野 1992: 239-240）．
12）『岐阜県史』通史編続・現代 115 頁．
13）『熊本市史』通史編第 8 巻 641 頁．
14）『山形県史』第 7 巻現代編下 508 頁．

事と市長が競争的な関係にあったところである．岐阜については既に述べたように，当時の松野知事と松尾岐阜市長が政治的なライバルであったし，熊本でも庁舎移転を議決した 1964 年の直前に行われた県知事選挙で熊本市長の坂口主税が立候補している．山形県では庁舎移転を決めた安孫子藤吉知事 4 選（1967 年）の対立候補は自民党の反主流派が擁立した前山形市長大久保伝蔵であった．このような対立は，県知事が都市の中心から庁舎を移転する決断をより行いやすくするきっかけとなったと思われる．

　都市の中心からの庁舎移転は，さらに福岡県（1981 年），新潟県（1985 年）と続く．福岡県は，一時期亀井光知事が周辺の春日市や大野城市への移転を含めて検討したり，以前の城郭への移転（文化庁の強い反対で挫折）も検討されたりした．しかし結局都市機能の分散ということで，福岡市庁舎と隣り合っていた旧県庁舎から近郊に移転することになった [15]．同時期の新潟県と併せて興味深いのは，以前県庁舎が置かれていた都市の中心付近に市庁舎が新築されていることである．福岡市庁舎は同じ場所で新築され，新潟市庁舎は旧県庁舎の位置に新築された．このような事例は，都市の中心が県庁舎から市庁舎へと移っていることを示すものであると考えられるだろう．そして，このような移転は，府県と市の機能を併せ持つ都というやや特殊な事例である 1991 年の東京都庁の移転を経て，茨城県（1999 年），石川県（2003 年）と続いている．

　石田のまとめによれば，岐阜県の庁舎移転から東京都の庁舎移転までの間に，同じ場所に新築で作られた庁舎は長野県，北海道，福井県，山口県，徳島県，宮城県の 6 つで，移転した庁舎とほぼ同数であり（石田 1991），高度経済成長期以降，県庁舎が都市の中心から移転するというのが一定のトレンドになっていたことがわかる．

15）『福岡市史』第 9 巻昭和編続編（一）97–112 頁．

他方で，1993年に建設省によって市町村が整備計画を立てる「シビックコア地区整備制度」が創設され，市民が訪れる庁舎を中心として「シビックコア」を形成し，街づくりへと活用していくなど，市に関係する庁舎が都市の中心であるという観念が強まっていく．このような変化は，高度経済成長期を経た府県と県庁所在市の関係を示すものであると考えられる．つまり，市庁舎が都市の中心を占めるようになる一方で[16]，府県の関心は県庁所在市の外の開発へと移り，都市における県庁舎の存在感は薄くなる傾向にあったと理解できる[17]．

3 │ 地方自治再編期の庁舎

3.1 平成の大合併と市庁舎の移転

前節で議論したように，庁舎の位置からは，高度経済成長期を経て都市の中心には県庁舎ではなく市庁舎が置かれるという傾向が進むことになったと考えられる．福岡市や新潟市のように，たとえ県庁舎が郊外に移転したとしても，市庁舎は伝統的な都市の中心で新築や改築が行われ，都市の発展を担ってきたのである．

しかし，そのような都市の中心は常に不変であり続けるわけではない．都市をめぐる環境の変化によって，その位置は再検討を迫られることになる．2000年代に入って発生したもっとも重要な変化は，市町村合併によって都市の領域が変更されるようになったこと

---

16) 県庁舎の位置が変わらずに，市庁舎が都市の中心に位置しようとする例としては，1979年に城郭近くに移転した津市庁舎や，三宮の発展や大震災に合わせてたびたび市庁舎の位置を変えている神戸市がある．

17) 庁舎移転こそ行われていないが，大阪は，その代表的な事例であると考えられる（砂原 2012）．

だろう．さらに，国は市町村合併を進めるために，合併した地方政府に対して特例的に地方債を発行することを認め（合併特例債），これを利用して合併後に庁舎を建設しようとする地方政府が数多く出現したのである[18]．

　本章で分析の対象となっている県庁所在市のうち，はじめに市町村合併の影響を大きく受けたのは，浦和市（さいたま市）である[19]．浦和市は，平成の大合併によって，大宮市・与野市と合併して，人口が100万人を超える政令指定都市としてさいたま市が新設されることとなったが，そのときに問題になったのは新しい市庁舎の位置であった．3市の合併推進協議会では，協議の結果として「当分の間，現在の浦和市役所の位置とする」ことを決めた．しかし，その決定に不満を持つ大宮市の意見も容れて「将来の新市の事務所の位置については，さいたま新都心周辺地域が望ましいとの意見を踏まえ，新市成立後，新市は，交通の事情，他の官公署との関係など，市民の利便性を考慮し，将来の新市の事務所の位置について検討する」とされている[20]．さいたま新都心は，浦和市・大宮

---

18)　平成の大合併以前に合併をきっかけとして市庁舎の位置を変えた事例として，長野市がある．また，盛岡市は1992年に都南村と合併した際に，市庁舎の位置を変更することが合意されていたという（盛岡タイムス2006年3月28日）．しかし，この合意は厳しい財政状況のおり，2007年に凍結された．

19)　いわゆる平成の大合併が始まってはじめに合併が行われた県庁所在市は厳密には新潟市（2001年1月1日）である．しかしこのときの新潟市の合併は小規模なものであり，後述する政令指定都市を目指す大きな合併とは異なる．そのためまずさいたま市を扱うこととする．

20)　以上の引用は総務省自治行政局市町村課が提供する合併デジタルアーカイブによる．http://www.gappei-archive.soumu.go.jp/db/11saitama/34-saitama/gappei_1/html/common/46b32ae4014.html　なお，2021年2月にさいたま市の清水勇人市長が，2031年をめどに旧大宮市にあるさいたま新都心地区へと本庁舎を移転する方針を示した．

市・与野市の3市に渡る地域に建設されており，中立的な新しい都市の中心の候補として挙げられているのである．

　同様に，市庁舎の位置をめぐる紛争を抱えながら合併したのは静岡市である．静岡市は，清水市との合併によってやはり政令指定都市の実現を目指したが，清水市も決して小さな市ではなく，従来の静岡市の市庁舎を継続的に利用することへの反発が生まれていた．そこで，2000年12月に行われた第17回合併協議会で，新たな庁舎の位置を「東静岡地区とする」という決定がなされ[21]，市議会ではその位置に庁舎を置くことも条例で定められたのである．しかし，すぐに移転がなされるわけではなく，旧静岡市庁舎を「静岡市役所静岡庁舎」，清水市庁舎を「静岡市役所清水庁舎」と称して併用が続くことになった．そして結局，新庁舎の建設は，2004年11月に市新庁舎検討委員会が，「政令指定都市の基盤や財政的裏づけが固まった時点で検討する」として以来凍結され，最終的に2008年に小嶋善吉静岡市長によって中止された[22]．

　政令指定都市ではない県庁所在市でも庁舎をめぐる紛争が起きている．まず2005年10月に合併を行った山口市では，新市の庁舎として合併前の山口市庁舎を使うとしながらも，合併協議会の附帯決議で「新山口駅周辺が適地であるという意見を踏まえながら，県央中核都市にふさわしい位置を考慮し，整備については新市発足後10年を目途に審議すること」とされていた[23]．新山口駅は旧山口市ではなく旧小郡町に所在しているが，新幹線の駅が設置されて交

---

21)　静岡市ウェブサイト http://www.city.shizuoka.lg.jp/000058149.pdf
22)　なお，清水庁舎については2019年に市議会で移転案が可決されたが，それに反対する人々が住民投票を求めるなどの動きがみられた．住民投票条例は2020年に市議会で否決されたが，その後市長によって庁舎移転が凍結された．
23)　合併デジタルアーカイブ http://www.gappei-archive.soumu.go.jp/db/35yamaguti/0167yama/1shi3cho/040729/1_shiryo.pdf

通の便が良い場所が新たな都市の中心とみなされるようになったのである．ただし合併から10年以上経っても，適地とされた新山口駅付近に庁舎建設が行われたわけではない．その原因は，庁舎の位置の問題に反発して合併協議から離脱した防府市の存在である．県庁所在市としては小規模な山口市は，防府市とさらなる合併を行うことで人口30万の都市を目指しており，庁舎を移転することで合併協議の前提を崩すことは困難な状況となっていた．これは，防府市との合併が成立すれば，新たな都市の中心を模索する必要が生まれるということをも意味しており，合併直後の山口市長選挙でも争点とされて，さらなる合併を目指す候補が勝利したのである．その後，2010年の阿東町との合併で山口市の合併は終了し，2017年の市長選挙で新山口駅付近への庁舎移転を訴える候補に現地での建て替えを主張する現職が圧勝したことを受けて，庁舎はそのまま建て替えられることとなった．

　さらに激しい紛争となったのが鳥取市である．鳥取市では，2004年に市町村合併が行われた後，耐震診断によって市庁舎が大地震で倒壊する危険性が高いと判定され，2014年の合併特例債の期限切れまでの庁舎建設が目指された．2011年には「合併して広くなった鳥取市全体の中核的な位置であり，交通の結節点に位置している」[24]鳥取駅南口の旧市立病院跡地に庁舎を新築移転する案が発表されたが，庁舎移転をめぐって住民投票の直接請求が発議され，1度は議会で否決されたものの，2012年に住民投票が実施されることとなった．住民投票では，鳥取駅南口への移転と現在地での耐震改修・増築の2案が比較され，費用の少ない現在地案が勝利した．しかし，その後現在地での増改築の費用が住民投票時の概算の2倍以上と計算され，当時の竹内功市長が住民投票の結果に反して移転

---

24)　住民投票における投票広報における表現による．

表 2-1　県庁所在市の合併における人口・面積比率

人口比率	合併数	面積比率	合併数
90% 以上	33	90% 以上	5
80% 以上 90% 未満	6	80% 以上 90% 未満	14
70% 以上 80% 未満	4	70% 以上 80% 未満	11
70% 未満	4	70% 未満	16

注：合併市町村の人口・面積は，2000 年国勢調査のデータをもとにした.

新築を模索することを表明したうえで，2014 年の市長選挙で移転を公約に掲げた深澤義彦が市長に当選し，同年に市議会で庁舎移転の条例が可決された．結局，住民投票の結論とは異なる形で 2019 年に庁舎移転が完了している．

　ここで挙げたように，さいたま市，静岡市，山口市，鳥取市では，それぞれに市町村合併後の新たな都市の中心をめぐって紛争が起きている．これらの都市の共通点は，市町村合併における旧県庁所在市の存在感が相対的に薄いことである．表 2-1 は，合併を行った都市（2000 年以降 2 回以上合併を行った都市はそれぞれカウントしている）で，人口と面積に占める旧市の比率を見たものである．広大な農村部を取り込んで面積が大きくなっている市は少なくないが，それでもほとんどの都市で旧市の人口比率が 80% を超えており，それ以下となっているところは少ない．しかし事例として挙げた 4 つの市の人口比率は，それぞれさいたま市が 47.35%，静岡市 66.48%，山口市 74.43%，鳥取市 74.94% となっており，この旧市の存在感の薄さが都市の中心の見直しにつながっていると考えられる[25].

---

25)　同程度に旧市の人口比率が低いのは，津市（56.98%）と新潟市（67.65%）である．津市は面積比率も最小（14.33%）で，庁舎の位置を見直す議論はありうると考えられるが，山がちの地形で，分庁舎も多いためにすぐに見直しとはなっていないようである.

3.2 広域の観点からの再編成

　市町村合併は，一部の県庁所在市に対して都市の中心の再定義を求める一方で，府県の意義を問いなおすものともなった．市の規模が大きくなったために，相対的に府県の規模が小さくなり，府県の再編成を見据えた議論が生まれるのである．

　その中で，最もしばしば言及されるのが道州制である．府県を統合して州庁を設立する構想は戦前から存在し，1957年の第4次地方制度調査会では都道府県制を廃止して全国を7–9の「地方」に再編し，その議会の同意を得て内閣総理大臣が任命する官選の「地方長」が置かれるという，いわゆる「地方」案が答申されている．また，1960年代には大阪・奈良・和歌山や東海3県（岐阜・愛知・三重）の合併なども議論され，府県連合の構想や都道府県合併についての法案が準備されていた．しかし，高度経済成長が終焉し，農村から都市への人口移動も落ち着いた1970年代に入ると，府県の再編の議論は急速に萎んでいった．

　2000年代に入ると，平成の大合併を受けて道州制の議論が復活する．2004年に当時の小泉純一郎首相から諮問を受けて，第28次地方制度調査会で「道州制のあり方」について議論が行われた．国と市町村の間に位置する都道府県の性格を見直し，より効率的な政府を実現しようという趣旨である．2006年に出された答申では，合併によって広くなった都市，特に政令指定都市と府県の業務に重複が増える一方で，府県の領域を超えた広域事務が増大していることから，府県合併をステップとして将来的には道州制の導入によって「国のかたち」を変えていくことの重要性を説いている．

　地方制度調査会の答申のあと，政府は内閣府に道州制担当大臣を置き，「道州制ビジョン懇談会」などで協議を進めたが，実質的に北海道のみを対象とする道州制特区推進法を制定した程度で，議論

は進展していない．その原因は，様々な利害関係者の調整を踏まえて道州の区割りを決定するのが極めて困難だからである．本章の議論であれば，道州のどの位置に庁舎を置くのかということが，現在の府県の枠を超えて紛争のもとになる可能性である．例えば，近畿地方であれば京都・大阪・神戸をどのように扱うかが問題になるし，中国地方・四国地方を単一の道州にするか，あるいは州都がどの都市になるかは簡単に決まらない．九州地方であれば福岡と熊本，そして鹿児島も含めた対立があるだろう．

　道州制の議論が膠着する中で注目されるようになったのは，府県を含めた大都市制度の改革であった．その先鞭をつけたのは，大阪である．第7章で詳細に見るように，2010年に当時の橋下徹大阪府知事が大阪都構想を提案し，大阪府と大阪市を統合して新たな地方政府（大阪都）を設立することを主張し，続いて愛知県と名古屋市の中京都構想や新潟県と新潟市による新潟州構想が発表されることになる．中京都構想や新潟州構想については，その詳細が固まっていたとは言えないが，大阪都構想は少なからぬ批判を浴びながら，長期にわたって議論が行われ，具体的な構想として示されている．

　大阪都構想の中で，庁舎は非常に重要な問題として取り扱われてきた．まず議論となったのは，大阪府の庁舎の位置であった．2010年に大阪都構想が発表される以前から，橋下知事は大阪市が所有していたワールドトレードセンタービル（WTCビル）を購入し（図2-4），老朽化した大阪府庁の移転先として提案していた．橋下知事は，2008年の平松邦夫大阪市長との対談の中で将来の「関西州」を見据えたものとしてWTCビルへの庁舎移転を進めようとしたが[26]，この提案は府議会の強硬な反対にあってたびたび否決され

---

26) この関西州の州都という発言に対して，直後に山田啓二京都府知事が定例記者会見の中で州都誘致論をけん制する発言をしている（時事通信2008年8月22日）．

図 2-4 WTC ビル（写真：学研／アフロ）

ることになった．

　府議会議員 3 分の 2 の賛成が必要なために，庁舎移転の提案は可決されることがなかったが，この論点を通じて橋下知事を支持する議員たちが鮮明になり，結果的に府議会の中で大阪都構想の実現を主張する大阪維新の会が作られるきっかけともなった（砂原 2013）．さらに，条例による庁舎移転は決定されなかったものの，WTC ビルは大阪府の咲洲庁舎として整備され，2011 年 11 月の大阪府知事・大阪市長ダブル選挙で大阪維新の会の松井一郎知事・橋下徹市長が誕生すると，府市双方の意思決定を主導する大阪府市統合本部の所在地として，重要な会議が開かれる場となっていったのである [27]．

　さらに，大阪都構想についての大阪府・大阪市による特別区設置協議会での議論が進むにつれて，大阪都構想が大阪市を複数の特別区に解体する性格を強めることになり，分割されたそれぞれの特別区の庁舎の位置が問題とされるようになった．2015 年に実施され

---

27)　なお，府市統合本部は大阪都構想の 1 回目の住民投票が行われた後の 2015 年 6 月 30 日に廃止された．その後設立された副首都推進本部は大阪市役所に置かれている．

た1回目の住民投票を前にした協議会の議論の最終盤で，橋下市長が大阪市を5つの特別区に分割したうちの「中央区」の庁舎を，現在の西成区の「あいりん地区」に設置して官庁街を形成すると発言したことは注目できる[28]．「中央区」は，現在の中央区・西区・天王寺区・浪速区・西成区という各区からなるものとされ，多くの企業が立地する中央区や住民の所得水準が高い西区や天王寺区を含んでいる．それに対して「あいりん地区」は，以前から日雇い労働者が集まる街として扱われ，一般には都市の中心とは呼びづらい．そこに庁舎を中心とした官庁街を形成するという発言は，大阪市を分割した特別区の庁舎に，新たな都市の中心としての機能を担うことを期待したものと理解できる[29]．

またその反対に，これまでの大阪市の庁舎は，新しい特別区「北区」の庁舎として，大都市の庁舎という特権性を剝奪されることになっていた．大阪市の庁舎は，既に述べた通り，池上四郎・關一というリーダーのもと建設され，1986年に1度建て替えられたものの，長らく中之島に位置している．建て替えにあたっては，大阪駅により近い立地も検討されたものの，中之島こそが大阪の中心であるとして同じ場所での建て替えとなったのである（大阪市都市整備局営繕部1987）．大阪都構想は，単に府市を統合して特別区を作ることを目指すだけではなく，庁舎という象徴的な都市の中心についての再定義も含むものだったのである．

---

28) 2014年7月9日の記者団に対する発言（時事通信2014年7月9日）．
29) 2015年に実施された住民投票に向けた大阪府・大阪市特別区設置協議会の特別区設置協定書では，「中央区」の庁舎として，現在の西成区の庁舎が当てられることになった．しかし，2020年の住民投票における協定書案では現在の中央区役所が「中央区」の庁舎とされている．

得られた知見

　本章で示してきたように，県庁所在市の庁舎の位置は，都市の中心を象徴するとともに，日本の地方制度の特徴を浮き彫りにしている．戦前は，近代以前の政治権力の象徴である城郭と重なりながら軍や県庁舎が都市において威容を示していた．それらの背後には国があり，都市は自律的に発展するものではなく，あくまでも国による統治の対象として認識されていたと考えられる．都市の中心という位置づけをめぐって大阪府と競争した大阪市をはじめ，そのような官庁街のくびきを外れた仙台市，名古屋市，広島市，福岡市や，横浜市・神戸市のような港湾都市がのちに大きく発展することができた理由には，府県による制約が相対的に弱かったことがあるかもしれない．

　戦後初期も，県庁舎は都市の中心であろうとし続けたが，高度経済成長期を経て都市の中心は市庁舎へと変わっていく．占領改革によって府県が国の機関ではなくなるとともに，市町村優先が強調されて，都市の地方政府が都市の成長を担う主体となるのである．県庁舎の中には，都市の中心から，都市とは異なる都道府県全体での位置づけを意識しながら移転していくものもあらわれ，逆に市庁舎が都市の中心を象徴していくようになったと考えられる．平成の大合併を受けて領域が広がった地方政府では，庁舎の位置が都市の中心の再定義と併せて議論されている．鳥取市や山口市のように，新たな中心として鉄道駅付近を選択することも少なくない[30]．

　府県や市町村といった地方政府は，それぞれに中心を持ち，それを軸に発展することを志向する．本章で扱った県庁所在市の庁舎の

30）　実際に鉄道駅付近に庁舎を移転した都市としては，佐賀市などが挙げられる．

中でも，都市の中心から離れる県庁舎は都市の外を重視するという分裂した意思決定への志向を反映していると考えられる．それは同時に，府県と県庁所在市が拠って立つ都市そのものを見えづらくする．都市住民が，自分たちが属する府県と県庁所在市それぞれの発展より都市そのものの発展を望むとしても，分裂した意思決定のもとで都市そのものの発展がどの程度重視されるかは必ずしも明らかでないのである．

第3章 都市を縮小させる分裂した意思決定
2つの港湾都市

はじめに

　交通の要衝である港湾は，交易の結節点として，古くから人口や産業が集積していく地域であった．港湾は，それを抱える都市に便益をもたらすだけでなく，交易に関与する周辺地域にも便益が波及する．しかし，整備にかかる費用は膨大で，港湾を抱える地域社会のみで賄うことができるとは限らず，競争力の高い大規模な港湾を整備するためには広域の地方政府や国の協力が必要となり，さまざまな政治権力が関与することになる（稲吉 2014; 林 2020）．そのうえ，道路や鉄道という陸上交通網の整備，あるいは航空機の登場によって，港湾の交通の要衝としての相対的な重要性は低下する傾向にある．その中で，港湾を基礎として大きく発展する都市がある一方で，港湾機能の縮小とともに存在感を失う都市も少なくない．

　本章で扱う函館市と下関市という2つの都市は，近代の日本で最初に発展した港湾都市であった．安政の5か国条約（1858年）で新潟・横浜・神戸・長崎とともに5港の1つとして開港した箱館（当時，以降函館と表記）は，長崎に次いで全国でも最も古くから外国に向けて開かれていた都市であり，1879年に郡区町村編制法が施行されたときには，全国で数少ない「区」とされ，長く北海道で最も人口が集中した地域であった．また下関は，赤間関市として，日本で最初に市制を施行した31市のうちの1つであり，大阪に次いで2番目（函館などと同時）に日本銀行の支店が置かれた場所でもある．北海道と本州をつなぐ函館市，本州と九州をつなぐ下関市

は，それぞれ間違いなく地域経済の中心だったのである．

　ところが現在の両市は，必ずしも過日の栄光を引き継いでいるとはいえない．確かに両市が誇る港湾は存続しているが，それは交易の拠点というよりは，小規模な漁業基地，あるいは昔を偲ぶ観光地としての性格が強まっている．これから港湾を活かした交易の中心としての復活をめざすというよりも，観光を中心とした新たな産業の育成が志向されている．

　このように都市の性格に変化が生じた理由は，単純に港湾機能が縮小したからというだけではない．両市に共通する重要な特徴として，まずは以前から交易が盛んな地域として人口が集中していたにもかかわらず，広域の地方政府である都道府県の中では第2の都市として位置づけられてきたということがある．前章で見たように，内務省から派遣された地方長官が権力を握っていた戦前において，多くの府県では府県庁舎こそが都市の中心に位置し，都市の開発を行ってきた．しかし，そのような政治権力が存在しない第2の都市は，分裂した意思決定のもとで，自律的に――といえば聞こえは良いが――乏しい自前の資源を用いて発展することが求められたのである．

　さらに戦後，高度経済成長期を迎えると，新たに開発された重工業の基地を持つ港湾が拠点として重視され，交易の中心であった伝統的な港湾都市の存在感は相対的に低下する．また，繰り返される市町村合併によって，都市において港湾の占める部分は徐々に小さなものへと変わり，合併後の新しい市としてのアイデンティティ形成を迫られることになった．その結果，もともとの港湾が栄えた都市の中心市街地は空洞化し，両市にとって港湾整備はもはや数ある事業の1つでしかなくなっている．

　本章では，まず港湾に注目しながら，函館市と下関市の両市の発展と凋落の歴史を素描する．両市ともに，明治時代初期の交易の中

心として，近代化の最前線を走るものの，国や府県から十分な支援を受け続けることができず，新たに台頭した近隣の港湾にその地位を脅かされていく．次に，港湾の地位低下を受けて都市政策の力点を変え，合併で大きくなっていく周辺地域をはじめとして，領域内部で分裂した意思決定を内包する状況を描く．さらに近年では，ともに人口減少に悩まされながら，歴史的な資源を利用した観光の強化を図りつつ，それがこれまでと同様の困難に直面していることを議論する．

1 | 港湾都市の発展と凋落

1.1 函館港

もともと江戸幕府によって築港が行われた函館は，水産物の集積を中核として本州と北海道の交易における独占的な地位を占め，明治初期には全国でもっとも重要な港湾に含まれてきた．新政府の財政難からすぐに廃止されたものの，1873年の大蔵省達番外「河港道路修築規則」では，「全国ノ得失ニ係ル港湾」として横浜，神戸，長崎，新潟，函館の5つが挙げられ，これらの港湾の施設整備については工費の6割が国の，4割が地方の負担と定めていた[1]．外国に対する窓口であり，海外からもたらされるコレラなど感染症への対応として公衆衛生の改善が図られ，長崎に続いて多額の国庫補助を受けて上水道の建設も進められたことも，函館の重要性を物語るだろう（高寄 2003; 松本 2020)[2]．

---

1) 『下関市史　市制施行─終戦』173頁．
2) なお水道については，多額の補助金を受ける一方で，自力建設を目指して基金を積み上げ，事業者負担を重視した都市政策の模範的対応とも評価されている（高寄 2003: 131–135)．

函館がその地位をはじめに脅かされたのは，1887年である．この年に，港湾を利用する船舶の積み荷が免税され，本格的に港湾の自由競争が始まった．まず函館のライバルとなったのが小樽港である．小樽は，北海道庁が置かれた札幌の外港として全額官費で築港され，さらには消費地である札幌へと続く道路や鉄道の整備も行われた．小樽は，北海道開拓と連動するかたちで発展していくことになる．

　他方で函館は，「天然の良港」であることに甘え，適当な手を打ってこなかったと指摘される[3]．伝統的な帆船中心から蒸気船が優位になる時代において函館港の相対的な狭隘化が進み，大型の船舶が入港するのに十分な深さを確保するための浚渫や人工的な外港が必要とされたが，それは容易ではなかった．『函館市史』が指摘するように，「天然の良港」であったために，船舶利用を理由として人口が増大し，市街地が拡大していったことで，森林の伐採や排出物の沈殿が進み，港湾条件を悪化させていったのである．

　このような問題は，函館商業界のリーダーも認識しており，1897年からは大規模な浚渫に続き，埋め立てによって防波堤と船入場の建設が行われていた．とはいえ，これらの工事にかかった経費については函館の自己負担に依存するところが大きい．北海道庁への陳情が行われたものの，国庫補助があてられたのは3分の1程度であり，それ以外は函館の有力商人たちによって負担されることになった．この点は，札幌の外港として公的に整備された小樽とは大きな違いということになる[4]．

　整備主体の違いは，その後の両港の発展に如実に現れる．図3-1に示すように，函館港は1890年ごろまでは北海道で圧倒的な地位

---

3)　『函館市史』第2巻566頁．
4)　ただし，小樽では埋め立ての方法をめぐって事業者間での利害が絡んだ対立が生じていたという（岡本・日本の港町研究会2008）．

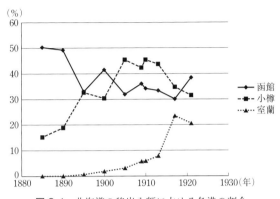

図 3-1　北海道の移出入額に占める各港の割合

出典：『函館市史』より筆者作成

を占める港湾であったが，その後は小樽港が発展し，1900 年代に入ると函館港を追い抜いてしまう．さらに，小樽港のほかにも，重化学工業の基地を擁する室蘭港が，とりわけ移出を伸ばすことによって拡大していった．この間，函館港は，従来通り水産物（はじめはニシン，のちに昆布など）の交易に特化していたのに対して，小樽港や室蘭港では農産物・鉱工業生産物の交易が広がっていたのである．

　小樽港や室蘭港といったライバルの追い上げを受ける函館港だが，その「黄金時代」は 20 世紀初頭であったとされる[5]．日露戦争後の日露漁業協約で北洋漁業の漁業権を獲得したことによる漁業貿易と，第 1 次世界大戦期の外国貿易の拡張が原因である．この水産物における独占的な地位は，函館港の貿易港としての位置を確固たるものとした．他方で，小樽港もまた室蘭港の急速な成長によってシェアを奪われている．消費地である札幌を抱える小樽港であっても，

5）『函館市史』第 3 巻 45 頁．

国策である石炭の輸出にかかわる室蘭港を始めとした他の港湾との厳しい競争に直面していたのである[6].

　黄金時代を経て，函館港は次第にその性格を変えていく[7].　その変化は，貿易港というよりも青函連絡船の発着港というイメージが強まることであり，小型の漁船が密集する漁港としての性格が強まるとともに，大型の船舶の入港が不適当な港湾となっていったことも無視できない．もちろん，函館市としては，大型の船舶が入港可能なように港湾の改造を行うことをめざすものの，小樽港・室蘭港と比べて十分な改造が行われなかった．やはり小樽・室蘭両港と比べて投入された国費は少なく，市営工事による埋め立てが中心だったのである．

　第2次世界大戦の敗戦で，北洋漁業と樺太・南千島漁業の漁場が失われたことは，函館にとって大きな痛手となった．1952年の講和条約によって北洋漁業が再開されたが，戦前以来北洋漁業を独占してきた日魯漁業株式会社（ニチロ）が大打撃を受けたこと，漁獲物を規模の小さく東京などの大消費地から遠い函館港に陸揚げせずに直接消費地に運ぶようになったことなどにより，北洋漁業における函館の地位は著しく低下することになった．その結果として，造船や食品加工などの北洋漁業関連の産業も打撃を受けることになった．そしてついに1956年に，北洋漁業に対して規制に乗り出したソ連と日本政府との間で日ソ漁業条約が結ばれ，北洋漁業は再開して5年もたたないうちに規模縮小への道をたどることになるのである．その後，1977年にアメリカ・ソ連が排他的経済水域（EEZ）を設定したことによって，その縮小は決定的なものとなった．

---

6)　第2次世界大戦後には，港湾の大型化に伴ってさらに新興の苫小牧港にその地位を譲り渡していくことになる（林2017）.

7)　『函館市史』第3巻507頁.

1.2　下関港

　大阪から瀬戸内海を経て西回りに北海道・東北地方へとつながる北前船の中継地として発展した下関における港湾整備の端緒は，1860年に市内の問屋たちの主導で行われた構内浚渫を主体とした工事であったという[8]．その後1875年には上海定期航路の寄港地として開港，長崎税関の出張所も設置されることになり，数少ない国際的な港湾としての歩みを始めた．その後も対韓貿易港として定められるなど，本格的な海港としての要請は高まり，築港運動が展開されていく．しかし，明治政府の財政難のために，国の事業として築港を行うことは困難な状況が続いていた．

　1889年の市制施行によって赤間関市となった後，下関港では築港と上水道敷設を喫緊の課題として，国への補助を求めて請願運動を行っていた（松本2020）．上水道については，3府5港に準ずるとして1900年に補助金が認められたが，港湾整備への補助の陳情はたびたび棄却される．独自の負担によって港湾整備が進められていくが，上水道への補助金が期待されたより少なかったこともあり，市会の中での港湾整備をめぐる政治的な対立によって停滞することもあった．1910年代初頭の築港騒動では，帆船に対する配慮のなさや財政負担を批判する反対派の議員が市会で反対を表明するだけではなく，賛成派議員の自宅を反対派の市民が襲撃する事件が起きるほどだった．築港という大事業に対しては，財政負担をめぐって市民の合意を取り付けることも非常に難しいのである．この騒動によって，下関港の拡張が停滞した一方で，台頭してきたのが関門海峡を挟んで向き合う門司港であった．

　門司は，塩田がある程度の寒村で，港とは無縁の地域であった．

　8）『下関市史　市制施行—終戦』171頁.

もともと一定の水深を持ち，本州と九州の結節点にあったこの地域に目をつけたのは，福岡県令（県知事）の安場保和である（門司税関 2009）．安場は，九州で鉄道敷設を強力に進めながら，渋沢栄一らの協力を得て 1888 年に門司築港会社を設立して多額の資金を調達し，港湾整備を行った[9]．もともと港がなかったにもかかわらず，築港会社設立の翌年には特別輸出港に指定されて外国貿易港となり，長崎税関の出張所が置かれるという破格のスタートを切っている．その後，特に九州の炭鉱から石炭を鉄道で運び，海外への輸出を行うことを主として大きく発展していった．

　発展を続ける門司港には，日本銀行西部支店が下関から移転し，1899 年には門司市として市制を施行，さらには 1909 年に長崎税関から独立して門司税関が設立されるに至[10]．このときの門司港の貿易額はすでに長崎港を上回り，横浜・神戸・大阪につぐ全国第 4 位の港湾となっていたのである．このような門司港の発展に当たっては，国費の投入が大きい．基本的に港湾整備はそれぞれの地域の受益者負担で行われ，そのため下関では深刻な築港騒動も起きていたが，門司港については輸入入が門司で消費されるのではなく，工業地帯に原料を供給し，輸出を担うという役割から国費が投入されたのである[11]．

　向かい合った下関港と門司港を，統合したかたちで運営すべきと

---

9)　門司築港会社には，中央財界の有力者のほかに下関の企業家豊永長吉も参加している．このような企業体が成功したのは全国的にみれば特異な事例であるが，石炭の一大産地であった九州では，民営の石炭積み出し港が建設されていたという（稲吉 2014: 41-43）．

10)　上水道敷設については，門司市は下関市に遅れて 1907 年に国からの補助金が決められた．この間，下関市に遅れをとることが地域間競争における敗北を意味すると意識されていたという（松本 2020: 141）．

11)　門司港の外国貿易地帯の埋め立ては，税関を持つ大蔵省の所管で行われたという（門司税関 2009）．

いう議論は，門司税関が建設された明治末ごろから行われていたが，財源をねん出することが難しい上に，下関市と門司市が特に港の名前をめぐって対立し，統合は進んでいなかった．第2次世界大戦中の1940年に，両港に小倉港を加えて関門港として運営されることになったが，戦時中の混乱の中で関門港として予定されていた港湾整備は行われなかった．さらに戦後の港湾法でも下関港と門司港を合わせて関門港として特定重要港湾に指定されたものの，一体的に運用されることはなかった．反対に，1962年には下関港の港湾管理者が山口県から下関市へと変わり，関門港の分権的な運用が強まったと考えられる[12]．結果として，下関市が主体となって下関港の整備が行われたが，その規模は小さく，国際競争に参加するような港湾整備が行われることは困難だった．

2 ｜ 変化への対応

2.1 合併と港湾の地位低下

前節で見たように，明治初期に「天然の良港」として開港した函館・下関両市だが，主に周辺の新興港湾との競争に苦しみ，当初の優位性を失っていった．函館にとっての小樽・室蘭，下関にとっての門司というライバルとなる港湾が，国の補助を受けてその規模を拡大させていったのに対して，函館・下関は十分な補助を受けることができず，自らの資源での港湾拡張を行うことが求められた．言うまでもなく，そのような港湾拡張ではライバルに対して優位に立つことは難しいし，下関で起こった築港騒動のように，まず地元で

---

12) 関門港の一体運用以前に，下関港に隣接する下関漁港は山口県の管理が維持されていて，下関港との一体運用とはなっていない．

港湾に対して資源を投入することに対してコンセンサスを確保することも難しかった.

　そのようなコンセンサスの確保をさらに難しくしたのは，都市圏の拡大を受けた周辺の地方政府との合併であると考えられる．函館・下関の両市ともに，「天然の良港」として発展したために，関連する商業や加工業に従事する人々が増加して，港湾の周辺へと市街地が広がっていった．そのため，函館市は 1926 年に，当時の函館市域（$19.88\,\mathrm{km}^2$）の 4 倍以上にあたる，周辺の銭亀沢村・湯川村・亀田村・上磯町の一部を含む $84.01\,\mathrm{km}^2$ にわたる区域に対して都市計画の内閣認可を受けて，都市整備を進めていた（浅野 2008）．さらに函館の場合は，明治から昭和にかけてしばしば発生した大火事とその復興過程において，市街地が東部へと広がるとともに，市内から周辺地域に移住する人々が増えていった.

　1939 年，函館市は湯川町と合併して人口が 23 万人程度となり，この時点で全国 12 位（札幌市は 18 位，小樽市は 27 位）となる．人口の多さは都市の発展を意味するようにも見えるが，合併によって同時に大きな負担も抱え込む．つまり，相対的に発展が進んでいない地域を包摂するときに，その地域に必要な社会基盤を整備しなくてはならないのである．実際，函館市も，湯川町と合併したときに，当該地域における上水道の敷設が大きな論点となり，4 月に合併した直後に敷設工事をはじめて 7 月までには終えたとされている [13]．そういった負担を行うとなると，港湾の拡張のための資源はさらに逼迫してしまうのである.

　このような合併は，戦後，高度経済成長期にも続けられる．1966 年に銭亀沢村が函館市に編入されることになったが，その背景には，財政力が非常に弱い銭亀沢村において，特に上水道敷設の要望が強

---

13) 『函館市史』第 3 巻 249 頁.

まり，1961 年に開港した函館空港が銭亀沢村域にかかることから函館市の側としても合併を進めようとしたことがある．また，高度経済成長期に都市化が顕著に進んだ亀田町（その一部は 1949 年にすでに函館市に編入）でも同じように上水道の分水問題をきっかけに合併への動きが強まり，1973 年に両市町は合併する（亀田町は 1971 年に市制施行）．その結果，当時の人口が 30 万人を超えるとともに，市域は 347.54 km^2 へと拡張し，港湾が中心であった市制施行時の函館市と比較すると 15 倍以上の面積を抱えることになったのである．

　合併が要請されたのは，下関も同様である．下関の場合，隣接する生野村と合併した 1921 年当時の，以下に示す李家隆介市長の抱負を見ると，合併においては，市勢の拡張による築港の推進という意図もあったと考えられる．築港のために多くの資源が必要であり，合併は資源を蓄積する手段でもあった．その一方で，合併によって下関市の面積はそれ以前の約 3 倍へと増大することになり，関連する社会基盤の整備も必要になってくる．

　　下関市は年とともに隆昌に赴き，海外貿易のごとき逐年増加の傾向を示し，殊に朝鮮貿易のごときは千余万の巨額に達するの状況を呈せり．しかして本市将来の進展のため，下関港修築の計画を樹立し，これが施行に関し，日下主務省に申請中なり．しかるに下関市の区域たるや至って狭小にして，現在の地域はすでに市街地として余す所なきの状態にあり．幸いに本市と相接続する隣村生野村は土地広潤，殊に人情風俗もまた相類似せるのみならず，土木衛生教育など諸般の行政施設においても，すでに相互離るべからざる極めて密接の関係を有し，常に利害休戚を相同じくせるの実況なるをもって，ここに本市将来の発展に資するため，生野村の全地域を下関市に編入し，もって相互の利益を増進せんとす

表 3-1　下関市面積の変遷

	合併地域	編入面積	総面積
1889 年	赤間関市として市制施行	—	5.36
1902 年	下関市に市名改称	—	5.36
1921 年	生野村	10.67	16.03
1933 年	彦島町	11.43	27.46
1937 年	長府町	14.98	42.44
1937 年	安岡町，川中村	28.25	70.69
1939 年	小月町，清末村，王司村，勝山村，吉見村	83.45	154.14
1954 年	豊西村の一部	7.81	157.42
1955 年	王喜村，吉田村	29.86	187.28
1955 年	内日村	30.15	217.43
2005 年	菊川町，豊田町，豊浦町，豊北町	491.73	715.89

注：単位 km^2．この他測定替えや埋立てによる面積の変動もある．
出典：下関市都市開発部都市計画課（1986）などから筆者作成

るによる [14]．

　その後下関市は，1925 年に彦島町・川中村・勝山村・長府町・安岡町を含んだ都市計画を策定する．このとき，港湾の一体的整備と同様に，地元からは対岸の門司市を含めた都市計画を立てることへの要望が出るものの，負担が府県単位とされていることから，府県を跨るような都市計画を行うことができないと内務省に拒否されている（浅野 2008: 39）．結果として，門司市が小倉・若松・八幡・戸畑の各市と一体的な都市計画を策定する一方で，下関市は関門海峡から内陸の方向に広がっていく．対岸の彦島町との合併（1933年）に続き，1937 年には長府町・川中村・安岡町と合併することによって，合併後の面積は市制施行当時の約 13 倍へと拡大し，市における港湾の位置づけはますます低下する（表 3-1）．

　次に示すこのときの長府町長の合併についての言葉は，この合併

14）『下関市史　市制施行—終戦』73 頁．

の性格が港湾の発展・拡大とは全く異なる方向を向いていることをよく示している.

　国運の進展とともに進み，いまや枢要の地である下関は，大漁港工事を行ない，鉄道トンネルも進み，国際飛行場の設置も近い．このように我が国策に基づく重大事業が集中しているが，我が長府はほとんど十年一日の有様で，旧態依然とし，町財政は窮乏し，民力は枯渇している．古い長府の名を失うことは残念であるが，いたずらに執着して時勢に順応できないことはいけない．むしろこの際，下関市と合併し，彼の余裕ある財政を持って施設を行えば，商工業もおのずから興り，町民の福利も増進されるだろう [15].

　さらに 1939 年には周辺の 1 町 4 村と合併し，面積がさらに倍増することになった．人口密度でみると明らかだが，初めて国勢調査が行われた 1920 年の 13488 人と比べて，1940 年の第 5 回国勢調査では人口密度が 1271 人と激減している．こうして，市としても港湾だけを考えるわけにはいかないようになっていくのである．

2.2 都市政策の変遷

　函館，下関両市ともに，合併によって市の人口が増大していったが，その過程で都市政策の力点も変わっていく．すでに指摘したように，初期の合併にあたっては，狭い港湾を拡張するための幅広い市街地や，経済圏を拡大し資源を生み出す人口を求めるという狙いがあったと考えられる．実際，函館市も下関市も，合併を行っていた戦前には，依然として港湾の整備を充実させて，港湾都市として

15）　下線引用者，『下関市史　終戦―現在』88 頁.

の発展を目指していた．当初は拡大する社会経済的なまとまりである都市圏と，意思決定の単位である地方政府の領域が重なることで，都市の発展が地方政府として追求すべき利益と直接結びつき得たのである．

戦後それが困難になった背景には，前項で指摘した合併に加えて，独自財源の不足が挙げられる．戦後の地方財政制度改革では，行政責任明確化の原則と能率の原則に加えて，市町村優先の原則が掲げられたものの，実際に市町村に配分される税財源は必ずしも十分ではなかった．特に，都市においては，道路や住宅などの社会基盤を整備するために必要な財源が足りず，恒久的な地方財政調整制度も，都市にとっては有利とはいえないものであった（砂原 2012）．その結果として，歳出のうち，国庫支出金が占める割合が徐々に広がっていく．

函館市では，1955 年ごろには市一般会計のうち市税が占める割合が約 50%，国庫支出金の割合が約 25% であったが，1975 年ごろになるとその値は逆転し，市税の割合が 30% 弱，国庫支出金の割合が 45% 程度となっている 16)．このような国庫支出金の多くは，函館や下関が再整備をめざす港湾だけではなく，道路や水道などの整備に使われることになる．それはつまり，もとより発展していた港湾地域よりも，合併して新たに市街地となっていく地域での社会基盤整備が，補助金によって重点的に行われやすかったことを意味する．

港湾よりも拡大した市域への関心が強まる中で，その力点の変化が如実に表れるのが，地域での開発計画である．函館では，1962 年に，函館市・上磯町・大野町・七飯町・亀田町・銭亀沢村による「函館地方総合開発計画」が作られた．この計画は，「北洋漁業の衰

16) 『函館市史』第 4 巻 323 頁．

微は，本地方経済界をして大改革を余儀なくせしめた」ことから，「工業生産都市へと体質の改善」を意図したものであったとされる[17]．当時の国の政策である新産業都市の地域指定を目指して作成されたものであり，この中では函館市から上磯町に至る埋立地を基盤にした工業地帯が構想されていた．しかし，結局函館市は新産業都市の指定を受けることができなかった．

　指定を受けることはできなかったが，函館市は周辺の町村との懇談の場を設け（函館地方行政懇談会→函館圏行政連絡協議会），広域での取り組みが続けられていく．その成果として，1971年から10か年の長期計画として作られた『函館圏総合開発基本計画』がある．この計画は，もともと北海道庁の職員であり，函館市に企画部を新設した矢野康市長が，国・道・市のタイアップによる中央直結型行政を目指して策定したものであるとされる[18]．その中でのもっとも重要な事業計画は，港湾機能を拡大して，それに結びつけて臨海工業地帯を造成する「矢不来計画」であった．これは上磯町の矢不来地区に505万m^{2}の埋立地を造成して，三菱グループの石油化学や石油精製などの企業を立地し，さらには既存企業や造船所の移転，火力発電所の建設なども含まれる大型の構想であった（図3-2）．

　しかしこの計画も，漁民の反対によって中止に追い込まれることになる．函館市と上磯町は，多額の漁業補償を提示して漁民の賛成を得ようとしたものの，強い反発を招くことになったのである．1972年に埋め立てが行われる上磯町の漁業協同組合が反対を決議したことで，上磯町長が実施計画を白紙に戻すことを表明し，それを受けて矢野函館市長も，73年に計画の断念を正式に表明するこ

---

17) 『函館市史』第4巻338頁．
18) 『函館市史』第4巻339頁．

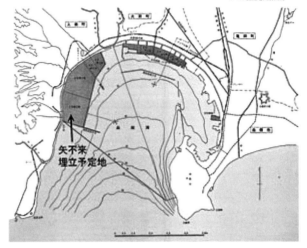

図 3-2　矢不来地区の位置

出典：『函館市史』デジタル版 http://archives.c.fun.ac.jp/hakodateshishi/tsuusetsu_04/
shishi_06-02/shishi_06-02-02-01-02.htm

とになる．港湾や漁業の衰退への対応としての重化学工業化という
転換は，関係者の同意を取り付けることができなかったのであ
る[19]．

　戦後の下関は，函館よりも厳しい財政難に見舞われる．終戦直後
から赤字決算が続いていたが，ついに 1965 年には自治省によって
財政再建準用団体の指定を受けるに至るのである．そのような下関

---

19)　ただし，この重化学工業化が都市政策として成功したかどうかは別の問
　　　題である．『函館市史』が指摘するように，1973 年はオイルショックの年
　　　であり，このような後発の石油資源を利用した重化学工業化による成長路
　　　線は，はじめられたとしてもすぐに行き詰まった可能性が高いだろう．実
　　　際に，1970 年代から国策として行われた大規模開発である苫東開発は，
　　　政策転換に失敗し壮大な失敗となった（増田・今松・小田 2006; 山崎
　　　2006）．

市の財政難の原因としては，人件費の増大に加えて，さまざまな特別会計での赤字が指摘されている[20]．特に赤字が増えているのは，住宅・公共下水道といった基本的な社会基盤に関するものであり[21]，さらに水道事業・簡易水道事業会計の資本的収支の部分，つまり水道管の敷設などに大きな経費がかかっている．このような社会基盤への支出が増大した背景には，すでに戦前から合併によって大きくなっていた下関市が郊外へと拡大し，その郊外地域の生活を支える基盤整備を行う必要に迫られたことがあると考えられる．

　財政危機は，下関市産業の発展の足かせとなる．下関市は1950年代後半から港湾の優位性を強調して，下関市の東側の長府地区を中心に工場誘致を進める気運を高めていたが，そのためには進出企業に対する優遇措置として固定資産税の減免や道路・港湾・用地の整備などが必要であった．ところが地方財政が厳しい状況にある中でこのような負担は難しく，市議会でも誘致をやめるべきだという議論すら行われたという[22]．基本的には生活基盤の整備が重視され，港湾の凋落に対応して市全体で集中的に資源投入を行うようなことは難しかったのである．

　財政再建準用団体としての期間（1966-1970）に終わりが見えるころ，下関市ははじめて市の基本構想を策定した．この基本構想では，まちづくりの方向として「快適な環境に恵まれた住みよい都市へ」「豊かな明日を築く産業都市を」「7つの海に雄飛する港湾施設の整備を」「自然美と人工美融和の観光都市の建設を」「圏域を主導

20）『下関市史　終戦―現在』102頁.
21）　下関市の住宅不足は深刻で，終戦直後の1945年からすでに市営住宅の供給がはじめられている．また，1948年の市報では「都会地転入抑制法実施要領」が掲載され，都心への転入に一定の条件を求めている（『下関市史　終戦―現在』41-42頁）.
22）『下関市史　終戦―現在』401頁.

する中枢機能都市として」という 5 つの都市像を設定している．この順番からもわかるように，港湾はすでに 3 番目という位置づけを与えられ，それよりも都市の居住性や産業活性化のほうが明確に優先されるようになったのである．

3 人口減少という課題

3.1 旧市街の空洞化

なかなか転換が進まない港湾都市を悩ます次の問題は，交通手段の変化である．伝統的に海運によって発展した港湾都市ではあるが，戦後には航空機や新幹線という利便性の高い新しい交通手段が出現し，海運の地位はますます低下していく．函館港について言えば，漁港としての性格とともに港湾を象徴する重要な要素であった青函連絡船の発着地としての地位が，航空機などとの競争などによって低下していくのである．

戦後の青函連絡船は，朝鮮戦争における津軽海峡での浮遊機雷や 1954 年の台風による大規模な海難事故（洞爺丸遭難）などの問題を抱えつつも順調に旅客・貨物が増え，使用する船の近代化も進めていった．しかしそのピークは 1970 年代初めごろであり，その後は旅客も貨物も航空機や民間の海峡フェリー，海上コンテナなどへと移り，青函連絡船は次第に利用されなくなっていく．自動車を乗せることができる海峡フェリーは，従来の函館港ではなく，上磯町の七重浜に接岸し，人々はそこから自動車で移動することになるために，函館市の中心部を通過する人の流れが失われてしまうことになった．

航空機の影響はさらに深刻であった．東北地方以外の地域から北海道を訪れる人々が青函連絡船を使うことは激減し，函館は北海道

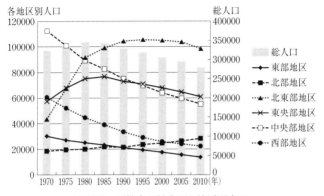

図 3-3　函館市の総人口と地区別人口

注：総人口は，市町村合併によって加わった北部地区・北東部地区（1973〜）・東部地区
（2005〜）を含む.

出典：国政調査より筆者作成

の玄関口としての地位を失っていく．最終的に1988年に青函連絡
船は廃止され，津軽海峡の地下を走る青函トンネルが開業するが，
これによって函館への入り口が，函館港ではなく，函館駅へと完全
に移ることになる．さらに，2016年に開業した北海道新幹線では，
函館市から遠く離れた北斗市（旧大野町）の渡島大野駅が新函館北
斗駅として開業することになり，函館市はその交通の流れから完全
に離れたところに置かれることになった．

　交通手段の変化は，北海道の玄関口としての函館の位置づけを変
えただけではなく，函館という都市における人の流れも変えること
になった．従来の港湾地域から安い地価を求めて郊外へと市街地が
拡大していった上に，モータリゼーションの進展によって広がった
郊外でさまざまな商業施設が立地することになったのである．函館
では，1980年代後半から人口が減少していっただけでなく，市内
での新興住宅地域の人口が増加した（図3-3）．その結果，都市とし
ての機能は分散し，従来の中心市街地であった港湾地域は高止まり

図 3-4　函館市の人口重心の変化

出典：函館市ウェブサイト https://www.city.hakodate.hokkaido.jp/docs/2015020600060/files/27kokucho1.pdf

する地価もあって再開発が進まず，相対的に魅力を失ってしまう．そうすると，さらに市街地が分散しやすくなるという悪循環が続く．結果として，函館市の人口重心[23]は，1960 年から継続して函館市電にそって北上し，中心市街地の空洞化が進むことになった（図3-4）．2004 年には，市の東側に位置した戸井町・恵山町・椴法華とどほっけ

---

23)　人口重心とは，その市域に住んでいる全ての人が同じ体重を持つと仮定して，その市域を支えることができる点（重心）のことをいう．

村・南茅部町の4町村とさらなる合併を行ったために，人口重心は大きく東に移動し，その後JR函館本線に近い郊外地域の人口増によりやや北西方面に移動している．

下関市でも事情は同様である．函館における航空機のような影響を与えたのが，新幹線の開通だといえる．新幹線の停車駅である新下関駅は下関市内に存在するが，この駅は従来からの下関市の都心である港湾地域から遠く離れた旧勝山村にある．もともと山陽本線の長門一ノ宮駅として，近辺の住吉神社への参拝に利用された駅であった．下関市の市街地の近くでの新幹線新駅の開発が困難であり，北九州側で用地買収の少ないルートをとることから新たに開発されることになったのである．

新幹線の開業によって，九州から見た本州への玄関口としての下関の位置づけは低下する．それだけでなく，函館駅がそうであったように，新下関駅が下関市への入り口として扱われるようになり，新下関駅周辺には住宅地が造成されたり商業施設が設置されたりするなどして，副都心として開発されていった．新下関駅周辺整備のために，1971年から土地区画整理事業の特別会計も組まれ，市の一大事業として開発が行われたのである．他方，下関市の都心付近は，港湾周辺を除くと山がちな地形であり，開発が早く大火事などの災害も少なかったために，駅前の一角を除いて土地区画整理がほとんど行われていない[24]．

再開発によって住宅を集約することがないなかで，新下関駅周辺も含めた郊外では住宅建設が進みやすく，そのために従来の中心市街地が空洞化しやすい．その傾向に拍車をかけるのが，モータリゼーションの影響である．1958年に関門国道トンネルが開通し，自

---

[24] この駅前土地区画整理事業も，該当地域に住む住民の反対が強く，当初の予定を超えて補償のための費用と説得のための時間がかかることになった（『下関市史　終戦─現在』978-979頁）．

動車を利用して多くの人々が対岸の北九州市，特に商業地として早くから発展した小倉へと向かい，それまで下関市で行われていた消費が小倉に流れるようになった．さらに自動車が普及することによって，多くの人々が従来の中心市街地を離れて居住するとともに，依然として通勤先である中心市街地付近が交通渋滞に悩まされるようになる．戦前から下関の都心部を走っていた市電も，需要の低下と交通渋滞によって徐々に廃止され，1971 年には全廃されることになった．下関市では，下関大丸とダイエー（当時）が入居する「シーモール下関」のような複合施設を作って都心の魅力を維持しようとするが[25]，北九州市への流出以外にも，郊外のショッピングモールへの消費の流出は続き，従来からの下関市の都心部の地位が低下している．

　このような空洞化のために，近年では市の中心である市庁舎の移転も議論されている．とりわけ 2005 年に豊浦郡の 4 町（豊北町・豊浦町・豊田町・菊川町）と合併して市域が大きく広がったことを受けて庁舎移転の議論が盛り上がった．下関市と 4 町の合併協議会の附帯決議[26]と，下関市新庁舎建設候補地検討委員会答申において，新下関駅付近が庁舎移転の有力候補として挙げられ，市議会の全員協議会での報告を経て，当時の江島潔市長も新下関駅周辺に庁舎移転を行う方針を表明したのである．しかし，2009 年の市長選挙で江島市長は立候補せず，移転凍結を選挙公約に掲げた候補が当

---

25)　小規模な商店街が散在する下関では，関門国道トンネルが開通する以前から中心となる商店街の建設が問題となっていた．駅前ショッピングセンターであるシーモール下関は，まさに消費の中心となることが期待されていたが，反対も多く議会に対して計画撤回を求める請願も出されていた（『下関市史　終戦―現在』205–208 頁）．

26)　「新庁舎の建設位置については，新市の住民全体の利便性を考慮すると，新下関区域周辺が最適であるとの意見が多数を占めたことから，十分に配慮すること」とされている．

選したことで，移転は凍結された．その後，2015年8月に本庁舎に隣接する新館（現西棟）が完成し，耐震補強を行って継続使用するとされていた本館も，解体されて2021年に本庁舎東棟として整備された．

3.2 空洞化への対応としての観光

従来の中心市街地の空洞化が進む中で，港湾都市の都市政策としての重要性を増していくのが観光である．具体的には，伝統的な港湾地域をウォーターフロントとして再整備して，そのような地域にクルーズ船のようなかたちでまとまった観光客を呼びこみ，市としての経済効果を得ようという試みである．

函館市において観光が強調されるようになった嚆矢は，1986年に策定された新函館圏総合計画だと言える．この計画においては，従来の重工業から知識産業へというソフト化（テクノポリス開発構想）が強調されるとともに，町並みの保護や港湾と都市景観の調和などが謳われている．さらに，函館市は1989年から2年計画で運輸省の補助事業「ポートルネッサンス21」を実施し，「流通拠点港湾としての拡充」「港と一体化した地域産業の生産・流通機能の強化」「国際観光・レクリエーション港湾としての整備」「ウォーターフロント整備など親水・にぎわい空間の創出」という4つの柱を打ち出した[27]．北洋漁業の衰退や青函連絡船の廃止などで，従来の港湾のあり方を追求するのが厳しい環境にあることが認識され，新たな港湾のあり方として観光やレクリエーションといったポイントが重視されていくのである．

函館市が観光振興において重視しているのは，港湾も含めた美しい自然と歴史的文化遺産を活かした観光資源であり，それを活用す

---

27)『函館市史』第4巻350頁．

るために宿泊施設の収容能力向上や航空路線網の拡大などが目指されている．観光資源である函館山や初期の市街地である西部地区の保全は重要な政策であり，特に観光の中心である西部地区については，1988 年に西部地区歴史的景観条例を制定して歴史的建造物の再生活用やまちづくりの支援を進めるほか，近年では NPO などとの連携を図りながら，増加する空き家・空き地の利活用促進が行われている．

近年では，このような歴史的な観光資源を活かして函館港へのクルーズ客船誘致も行われている．2003 年から北海道運輸局主導のもとで，クルーズ振興にかかわる「北海道クルーズ振興協議会」が設立されるなど，大型客船が 1 度寄港すると相当の経済効果があると期待されており，函館市でも 2006 年ごろから本格的な誘致活動を始めて，近隣の市民も含めてクルーズに対する興味・関心を引き起こすための活動が行われているという [28]．その結果，函館港は 2014 年のクルーズ寄港回数で第 8 位に入ったが，誘致は伸び悩んでおり，国内で 20 位前後に位置付けられている．函館港には大型客船用の岸壁が整備されていないため，観光地域から離れた貨物用の岸壁に係留せざるを得ない状況にあり，観光・交流ゾーンとの連携が不十分な状態にあるという．観光振興を進めるためには新たな港湾整備が必要とされるが，これまでに確認してきた歴史的経緯を踏まえると，巨大な市域の中で港湾という限られた地域に大きな投資を行うための意思決定は容易ではないと考えられる．

下関港においても港湾の位置づけは変化している．1970 年代から，関釜（下関港～釜山港）フェリーや日中友好の船（下関港～青島港，1998 年からオリエントフェリー）など，国境を超えた旅客需要が生まれた．それに対応するように，1988 年には出入国審査

を行うことができる日本最初の外国航路用旅客ターミナルである下関港国際ターミナルが完成し，韓国や中国との往来が強化されることになった．日本においては最も早い時期からクルーズ振興に取り組んできたと言えるだろう．2000年頃には，明治期から築港されてきた東港地区が，対岸の門司港レトロ地区と合わせて「海峡まるごとテーマパーク」というコンセプトのもと「あるかぽ〜と下関」として再開発され，市立水族館である海響館や唐戸市場の整備が行われている．あるかぽ〜と下関は，5万トンの客船が寄港できる旅客船専用岸壁として整備され，クルーズ船の誘致が積極的に行われている．2015年には，新たな中国クルーズ船の寄港などによって寄港回数が増大し，日本全国で12位を占めたが，それ以外の年は20位台後半あたりとなっている．

このように，下関港の機能を貿易から観光へと移していくのに合わせて，近年では，従来からの主要な機能であった物流機能を，関門海峡の外の新港地区（長州出島）につくった埋立地へと移すことが進められている．手狭となっている港湾から，埋め立てによって新たに大規模なコンテナターミナルを形成する一方で，あるかぽ〜と下関のある東港地区に加えて，これまで国際コンテナのターミナルとなっていた岬之町地区を再開発して，ウォーターフロントににぎわいを創出しようというものである（図3-5）．このような港湾の再整備は，市長の公約を軸として，国・山口県の協力を得ながら進められているものであり [29]，その協力がなければ実現は非常に難しいものとなっている．

---

29) 下関市港湾局へのヒアリングによる．他方で，山口県が実施している「クルーズやまぐち協議会」の取り組みを見ると，山口県は下関市以外の都市と頻繁にセールス活動をする傾向が見られる．

図 3-5　下関港関連施設

出典：下関市港湾局ウェブサイト http://www.shimonoseki-port.com/jp/shi
setu_k/index.htm

得られた知見

　本章では，函館市と下関市という，明治初期に開港して発展した
2つの都市における，港湾を中心とした都市機能の変化とその対応
を概観した．両市の歩みからは，日本における港湾都市の存続にお
ける困難を看取することができる．その困難とは，国・都道府県・
市町村という複数のレベルでの分裂した意思決定のもとで，都市が
複合的な競争に晒されることによる疲弊と言えるだろう．

　まず注目すべきは両市ともに，県庁所在市ではなかったことであ
る．前章でも議論したように，戦前において，県庁所在市では，府
県庁が都市の中心を形成する傾向があり，国からの補助を受けなが
ら都市形成に大きな役割を果たしていた．県庁をもたない函館や下

関のような都市は，自分たちの資源を中心にして，国が補助する有力な港湾——小樽・室蘭・門司など——と競争を行わなくてはならなかった．そのような競争においては，はじめは伝統的な港湾都市が優勢であっても，国策で支援される港湾に対して次第に劣勢を余儀なくされていく．

　次に都市が直面するのは，近隣との合併である．非常に限られた面積で高い密度を誇る港湾都市が，上記のような資源制約に直面するときに，周辺の地方政府と合併することによって活路を見出そうとするが，そのような合併は，同時に周辺にとっても港湾都市の資源を利用する好機となる．そのため，合併後には限られた資源をどのように利用するかについて，同じ地方政府の領域内での地域間競争が待っていることになるのである．合併によって拡大された地方政府の領域内では，港湾をさらに拡張したり，重化学工業化を進めたりすることに対して，簡単に合意を得ることができなくなる．これまでの日本の地方制度においては，豊かな都心が郊外を助けるという関係を想定し，常に都心部と郊外部を包みこんだ大きな地方政府の形成が行われてきた．合併を行うときに，周辺の地方政府への配慮から，最適と考えられるような規模を超えた合併が実現することもある（丸山 2015）．しかし，従来の中心市街地が機能を弱めている中では，都心にとっても郊外にとっても，そのような合併を期待した問題の解決につなげることは難しい．

　しかも，海上交通から交通手段が変化すること，そしてモータリゼーションと郊外化がこの傾向を強めることになる．航空機や新幹線といった新しい交通手段は，港湾都市の伝統的な市街地の特権を奪うだけではなく，新たに利便性が高い都市を生み出すことになる．モータリゼーションと郊外化によって人々が都心から離れて住むようになる中で，同じ地方政府の中でも郊外の商業施設などとの競争が激しくなるのである．地価が高く開発の難しい伝統的な都心は劣

勢に立たされることになり，さらなる空洞化が進む原因となっている．観光への傾斜を進めたとしても，同じような都市が同様に観光を目玉とすることで激しい競争にさらされ，空洞化への対応として限界を抱えることになるのである．

第4章 | 大都市の一体性と分節
国際比較と日本

| はじめに

　都市という概念が持つイメージは極めて多様である．都市には人々が集まるだけでなく，財・サービスや資本が集積し，活発な経済活動が行われるというイメージは共有されているだろう．しかし，本書で問題としているように，都市がどのように広がっているか，また都市の地方政府がどのように都市を運営しているかといったような問題が語られるとき，そこで言及される都市について，議論に参加する人々の共通理解が，必ずしも成立しているとは限らない．

　日本で大都市といえば，東京や大阪などが想起され，衰退が懸念される地方の都市は小さいものとして扱われやすい．しかし本章で述べていくように，少なくとも人口の集積という観点からは日本は世界でも有数の多くの大都市圏を持つ国であり，地方都市も，国際比較の観点からは大都市として扱われるべきものは少なくない．また，日本で都市を議論するときには，東京都や大阪市のように，しばしば都市の地方政府とセットで扱われるが，都市の圏域を問題にすると，その領域はしばしば地方政府の境界を超えることになる．たとえば近年大阪都構想をめぐる論議が行われたとき，焦点はその領域をどのように再編成するかということに置かれがちであったが，都市として一体的に考える圏域がどの程度の広さであるべきかについて議論が深められたとは言えない．社会経済的な都市圏を重視するのであれば，大阪都構想で論じられていたように大阪府という地方政府の領域を一体として考えるというにとどまらず，京都や神戸

などの連坦する大都市を管轄する地方政府も含めて一体的に扱おうとすることもできただろうが，この論点はほとんど顧みられることがなかった．このような議論の枠組みは，日本における都市についてのイメージに基づいて形成されていると考えられる．

　それぞれの国で大都市のイメージが独自に形成されているとしても，現代では，同時に単一の地方政府を超えた大都市なるものがグローバル経済における競争の主体として認識されるようになっている．大都市を競争の主体として考えたとき，基本的に1度の国政選挙を通じて選ばれる政治家を中心に意思決定が行われる国とは異なって，内部に複数の地方政府が存在してそれぞれに独自の利害がある．大都市は，グローバルなレベルで相互に競争しつつ，その内部のレベルには構成する地方政府の競争あるいは協調関係が存在しうるのである．

　本書では，このような都市内部における地方政府間の関係を，日本の都市について議論してきた．本章では，これを複数の国における大都市に共通する問題として捉え，国際比較が可能なデータを利用して，地方政府による都市圏の分節に注目して検討する．都市のイメージが国や地域によって異なるとしても，統一的な基準によって収集された都市圏単位のデータを用いれば，都市圏が多くの地方政府によって分節されていることがどのような意味を持つのかについて検討することができるだろう．そのうえで改めて比較の観点から，現在の日本の大都市が抱えている問題について考察する．

　本章の構成は以下の通りである．まず，大都市の成長とそのガバナンスについての先行研究を整理する．一国内の都市間比較や都市化についての国家間比較などの試みはしばしば行われているが，国を超えて大都市を比較するような試みは少なく，それが本章の課題となることを示す．そのうえで，地方政府の分節化の進展が大都市のガバナンスに負の影響を与えるのではないかという本章の仮説を

説明し，それを検証するためのデータを紹介する．検証の方法としては，国レベルと都市レベルという 2 つのレベルの変数が存在することを踏まえた階層線形モデルを採用し，仮説に一定の妥当性があることを示す．さらに，大都市間比較の計量分析の結果と照らし合わせて日本の大都市の現状について考察する．

1 大都市への注目とその比較

グローバリゼーションの進展にともなって，高度な都市機能を備えて中心性と集積性を持ち，国際的な影響力の大きい世界都市（World City）が経済成長のエンジンとして注目されている（Hall 1966; Friedmann 1986; 加茂 2005）．財・サービスや資金，そして労働者の移動に対する国家による規制が弱まっていく中で，財・サービスや情報が集積する結節点として，大都市が主権国家という枠組みを超えてグローバル経済に大きな影響を与えると考えられるようになっているのである．中でも，ニューヨーク・ロンドン・東京のようにとりわけ巨大なグローバル都市（Global City）は，金融セクターを中心に世界を連結する機能を果たすとともに，多国籍企業が必要とする法務や会計といった高度な専門サービスを集積させて成長してきたことが指摘されてきた（Sassen 1991）．他方で，集積はそのようなグローバル都市のみで進められているのではなく，発展途上国の大都市のように主に近接する地域における中心性を活かして集積を拡大するグローバル都市地域（Global City-Regions）も出現しているとされる（Scott 2001）．グローバル都市は，モノ・ヒト・カネの国際的な移動をつなぐ拠点としての性格が重視されるのに対して，グローバル都市地域については，大都市を中心とした激しい都市間競争・地域間競争が強調される傾向にあるという（Sassen 2001）．

大都市に人々が集まることは，単に都市の規模を大きくするだけでなく，経済活動を活発にすることにつながると考えられる（Glaeser 2011＝2012）．実際に，これまでの都市に注目した実証研究では，地域や業種によって濃淡はあるものの，産業や資金の集積を通じてサービス業を中心に生産性も向上することが指摘されている（Melo, Graham and Noland 2009）．ただし都市ではなく国を分析単位として国際比較を行った研究では，都市化が一般的に成長を促すとまでは言い難く，発展の初期段階の国において最大都市への集中や，相対的に人口が多い都市への集積が進むと経済成長が大きくなることなどが主張されるにとどまる（Henderson 2003; Brülhart and Sbergami 2009）．

　比較政治学の分野における都市化の研究としては，国を分析単位として都市化や最大都市への集中について検討したものがある（Ades and Glaeser 1995; Moomaw and Shatter 1996; Davis and Henderson 2003; 曽我 2010）．国の中で都市居住者が増える都市化については経済的な要因が強く働くと考えられる一方で，最大都市への集中については政治的な要因が大きいことが指摘されている．具体的には権威主義体制にあるような国では多くの場合，首都である最大都市に資源を大量に投下することで人口集中が起こる一方で，連邦制を採っているような国や経済発展が進んでヒトやモノの移動がより自由になっている国では，首都や最大都市への集中が弱まっていく傾向が指摘されている．

　人口集中の効果や国家間の都市化の特徴の違いを説明するだけではなく，そもそもなぜ都市が人々を引き寄せるのかという問題についても検討が行われている．初期の重要な研究であるグレイザーらの研究以来（Glaeser, Scheinkman and Shleifer 1995），失業率などの雇用に関する変数や，民族の分離居住，所得の不平等などが都市の成長に影響をもたらすかについて検討が行われてきた．これまでに

指摘されてきたことは，当然のようではあるが，経済的に成功しており就業機会が豊富な都市は人を集めやすいということである（Begg 1999; Storper and Manville 2006 など）．それだけではなく交通のコストなども含めた都市のアメニティ（da Mata et al. 2007; Hansen and Niedomysl 2009; Kourtit, Nijkamp and Scholten 2015）や快適な気候（Cheshire and Magrini 2006; Rappaport 2007）などが重要な要因として挙げられている．

　グローバリゼーションが進展する中で，都市間競争の主体となる大都市のガバナンスが注目されているものの（Harrison and Hoyler 2014），都市の政府が大都市の成長にどのような影響を与えるのかについて検討する研究は多くない．まず注目されてきたのは，大都市が他の都市と比べて魅力的で，人を引き付けるような政策を実施しているから成長するという発想であろう（Glazer and Kondo 2007）．日本を対象とした研究でも，グレイザーらと同様に良好な教育環境や雇用環境が都市への移動を促すのに加えて，財政状況のよい都市が人々を集めやすいという主張はある（Fukuda 2012）．しかし，特に日本の場合，財政力指数で測ったような財政状況は単に地方政府ごとの経済状況を反映している可能性もある．

　大都市内部のガバナンスを考えたとき，大都市の中に数多くの地方政府が併存することになると，それら地方政府間の競争が発生することになる．ティボーの「足による投票」と呼ばれる古典的なモデルが示されて以来（Tiebout 1956），競争で効率化が実現するという考え方は根強いが，実際に人々が政策に不満を感じて退出オプションを行使する，つまり地方政府を移動するということは生じにくい．また，隣接する地方政府がともに公共財を供給するときに，他の地域へと便益が波及するスピルオーバーが存在することによって，大都市地域全体として公共財が適切に供給されないという事態が起きることもある．そのため，大都市においては競争よりもむしろ都

市圏域内の地方政府間の協力が重要であるという指摘も行われており（Dowding and Feiock 2012），とりわけ関係する地方政府の数が増えるほど協力体制の構築は難しくなると考えられる（Nells 2012）．都市に関するこれらの研究は，基本的に特定の国において合併や分離による地方政府の規模の変更がどのような効果を持つのかを検討するものになっており，国際比較による検証も求められている（Swianiewicz 2018）．また，非効率性が問題視されるのが小規模の地方政府であることから，研究の対象はそれぞれの国における中小規模の都市に偏りがちであり，複数の地方政府が包含されうる集積の進んだ大都市において，地方政府の規模やその細分化がどのような意味を持つのかについて検討されているわけではない．

　このように，先行研究では，グローバリゼーションの中で都市という単位での分析の必要性が強調されているものの，都市について比較のための共通の枠組みに乏しく，またデータの収集や統一など都市間の比較が難しいために，そうした分析はこれまで十分に行われてこなかったと考えられる（Kantor and Savitch 2005）．しかし近年ではOECDが，やや不安定ながらもその加盟国における大都市のデータについて整備してインターネットを通じて提供している．本章ではこのデータを使いながら，国際比較の観点から大都市のガバナンスが都市の成長にどのような影響を与えうるかについて検討する．

2 ｜ 地方政府による分節と大都市の成長

　本章で大都市のガバナンスを考えるときに注目するのは，その大都市がどの程度の数の地方政府によって構成されているかということである．第1章でも指摘しているように，地方政府は，仮にそれがもともと社会経済的な都市圏と一致するように設定されていたと

しても，時間の経過とともに両者には乖離が生じていく可能性がある（曽我 2016）．都市が広がっていく中で中心的な地方政府が周辺の地方政府を合併し，広い領域を管轄する大規模な都市の地方政府を形成していくことがあるが，そのような合併は必ず生じるわけではない．実際には，都市圏が多数の地方政府に分節され，分裂した意思決定が行われることは少なくないのである．日本でも，たとえば戦前の大阪市はその都市圏の発展とともに周辺の町村を合併して拡大していったが，戦後に入ると都市圏がさらに拡大していく一方で，大阪市が周辺の市町村との合併を希望してもより広域を管轄する大阪府や国との調整が難航し，合併することができなかった（砂原 2012）．

　大都市圏内での分裂した意思決定が調整の費用を生み出すことを考えれば，大都市における地方政府の合併がそのパフォーマンスを上げることにつながると考えられることがあるのは，単に規模の経済が存在するというだけではなく，分裂した意思決定を内部化して全体として望ましい意思決定が行いやすくなるという理解に基づいていると言える．反対にネルズが指摘するように，大都市圏内の地方政府が増えるとその調整が困難になって，大都市の成長が阻害される可能性がある（Nells 2012）．本章では，分析単位を単独の地方政府ではなく大都市圏という社会経済的な圏域に設定することで，少数の地方政府によって運営される大都市圏と，分節的な地方政府の集合によって運営される大都市圏で，その成長に違いが生じるかを観察することを試みる．大都市圏において意思決定に関係する地方政府が増えるほどに調整に費用がかかって移住者にとって魅力的な政策を実現することが困難になり，結果として成長が鈍くなることが予想できるだろう．

　この大都市圏における地方政府の数という変数の効果を考えるときには，他の変数をコントロールする必要がある．まず重要なのは

大都市圏の規模それ自体である．同じような規模でも，少数の地方政府で運営される大都市圏もあれば，そうではなく多数の地方政府に分節されているところもある．とはいえ一般的には大都市圏の圏域が広がるほどに地方政府の数は増える傾向があるために，人口や面積など規模に関する変数の影響を考慮しておくのである．次に，先行研究が示すように，経済状況についての変数をコントロールする必要がある．経済状況のよい大都市は，移動を考えている人々にとって魅力的なものになると考えられる．

特定の国の大都市だけを考えるのであれば，以上のような都市レベルの変数のみで十分かもしれないが，大都市圏と判断されるような都市が数多く存在する国はそれほど多いわけではなく，分析の結果は特定の国の持つバイアスが反映されただけであるかもしれない．より一般的に大都市のガバナンスを考えるために国際比較は重要な手段である．しかし国際比較を行うためには，都市レベルの変数のみならず，国レベルの変数を考えなくてはならない．そのような変数としてまず重要なのは，国それ自体の成長であろう．国全体が成長している場合は，そうでない場合と比べて大都市も成長しやすいと考えることができるだろう．そして，ある国の中に複数の大都市が存在する場合には，この変数はそれらの都市に対して同じような影響を与えることになると考えられる．その他，政治制度に関する変数も重要な国レベルの変数である．先行研究が示すように，単一国家における首都は人口の集中が進みやすいと考えられる一方で，連邦国家については首都とそれ以外の違いは大きくないことが予想される．その大都市が単一国家にあるか連邦国家にあるか，あるいは首都であるかどうかという変数が，都市の成長に影響を与えると考えられる．

3 | 大都市比較のためのデータ

　本章で用いるデータは，OECD によって公表されていた大都市圏データである[1]．このデータは，OECD 加盟国の中で，人口 50 万人以上の都市圏について，人口や面積に加えて労働力人口や失業率，そして都市圏を構成する地方政府の数などを，2000 年から 2014 年の期間で収集したものである[2]．注意すべきは，データ収集の対象となっているのは都市圏であって，個々の都市の地方政府ではないことである．例えば日本で最大の都市圏は東京が属する首都圏だが，このデータでの東京大都市圏は，日本の市町村の中で最も人口が多い横浜市を含むものとなっており，日本で通常イメージする東京と呼ばれる地域よりもかなり大規模なものになっている．また 2 番目に大きい大都市圏は大阪市・京都市・神戸市を含む大都市圏であり，それぞれの都市の個々のデータを利用したものではない．

　2000 年から 2014 年までの期間について，各年・各都市のデータを疑似的なパネルデータとして利用することも不可能ではない．しかし，その間いくつか欠損値が存在することに加えて，都市の成長はリーマンショックのような大規模な経済危機などで予期せぬショックを受ける可能性があり，1 年単位よりも長期の単位で分析する

---

1)　このデータは https://stats.oecd.org/Index.aspx?DataSetCode=CITIES# で公開されていた（最終アクセス日 2018 年 6 月 26 日）．後述するように，OECD ではこのデータを頻繁に更新していて，同じデータが利用可能になるとは限らない．本書で用いたデータは，次のウェブサイトで公開している（https://researchmap.jp/sunaharay/）．

2)　基本的に収集された全ての都市圏で，データが収集されているいずれかの時点で人口 50 万人を超えていることを確認したが，唯一の例外はアメリカのトレド市（Toledo city）である．この都市圏の人口は最大で 45 万人程度だが，今回の分析には含めている．

ことが望ましいと考えられる．そのため，本章では基本的に 2000
年から 2010 年の期間における平均値を計算したクロスセクション
データとして分析を行うこととした．分析の対象となる都市は全部
で 29 か国に 281 存在する．OECD 加盟国は 35 であるから，6 つの
国の都市データは収集されていないことになる[3]．都市についてみ
ると，70 都市圏がアメリカに存在し，収集されている都市が多い
順に日本（36），メキシコ（33），ドイツ（24），イギリス・フラン
ス（15）と続く．反対に，人口の少ない単一国家では 1 都市圏のみ
が人口 50 万人以上というところが 8 つ存在する[4]．29 か国中，連
邦国家は 9 か国のみだが，アメリカ・メキシコ・ドイツなど相対的
に人口・面積ともに大きく，対象となっている都市が多い傾向にあ
ると考えられる．

　目的変数である都市の成長として用いるデータは，人口増加率で
ある．元データから各年の成長率を計算したうえで，その 10 年間
の平均を用いている．同様に国ごとの成長についても各国における
都市地域の人口増加率を算出した．図 4-1 は両者の関係を示してお
り，国レベルで人口が増加している場合は，都市によって分散はあ
るものの，人口が増加する傾向にあることがわかる．分析の方法に
ついてはあとで改めて述べるが，都市地域の人口増加率は，国ごと
での相関が高くなっており，級内相関係数は 0.524 となっている
（後掲の表 4-1）．そのために，国ごとに階層化されたデータとして分
析することが望ましいと考えられる．

　3）　アイスランド，イスラエル，ラトヴィア，ルクセンブルク，ニュージー
　　　ランド，トルコの 6 つである．アイスランドとルクセンブルクを除く 4 か
　　　国には 30 万人以上の都市圏が存在するが，これらの都市はこのデータに
　　　含まれていない．
　4）　デンマーク，エストニア，フィンランド，ハンガリー，アイルランド，
　　　ノルウェー，スロヴァキア，スロヴェニアである．

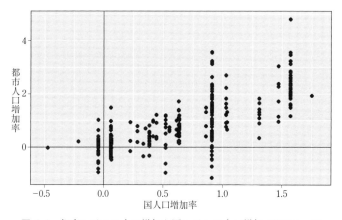

図 4-1 都市レベルの人口増加と国レベルの人口増加（基本データ）
出典：OECD データから筆者作成

　主要な説明変数である地方政府の数は，OECD データが提供している大都市地域における地方政府の数を用いる．最小値は 1，すなわち地方政府が 1 つであるという都市圏から，最大値はパリの 1375 まで非常に幅のある値をとっており，計量分析ではその対数値を使用する．データの中で都市圏の人口としては最大を誇る東京都市圏は，地方政府の数が 235 であるとされ，数としては 22 番目となっている．なお，このデータでは，収集の対象となる期間中，中心地域における地方政府の数は変わらないものとして扱われている[5]．

　コントロールのための変数として用いるのは，まず都市レベルの 2000 年の人口と面積である．これらの変数の対数を取った値を，都市の初期状態を示す変数として利用した．さらにデータで失業率

---

5)　この点が妥当かどうかは議論の余地があると思われる．たとえば日本の場合，データが収集されている都市圏には中心地域が合併したところもあるが，データにはその影響が必ずしも反映されていないように見える．

が提供されていたためにその値を利用している．失業率については一部欠損値も存在するが，それを除いて計算した平均値を用いた．国レベルの変数は，人口増加率の他に，単一国家か連邦国家か，そして首都かどうかというダミー変数を加えている．先行研究を踏まえれば，単一国家において首都は他の都市よりも成長しやすく，他方連邦国家においては両者の違いはそれほど顕著ではないことが予想できる．つまり，都市圏の成長で見ると，単一国家の首都，首都を含めた連邦国家の都市，単一国家の首都以外の都市，の順番で人口増加率が大きくなるのではないかと考えられる．そこで，この2つのダミー変数の交差項を作ることによって，この点について検討を加える．

　さらに，このデータに加えて，OECD のウェブサイトで最近公開されたデータセットを用いて同様の分析を行う．このデータセットは，より小さな規模の都市のデータまで収録されており，また年代も 2001 年から 2018 年をカバーしているものの，先述のデータセットと比べると欠損が非常に多くなっている．とりわけ失業率のデータは欠損が目立ち，想定する分析モデルを用いた分析が困難となっている．さらに大きな違いとして，新しいデータセットでは，都市の面積のデータが 2018 年分しか収録されていないため，初期状態を示す変数として面積を利用することができない．そこで，比較的欠損が少ない 2005 年以降のデータを用いたうえで，面積については 2018 年のデータを利用して同様の分析を行うことで，頑健性を確認するために用いるものとする．

表 4-1　要約統計量

	変数名	サンプルサイズ	平均値	標準偏差	最小値	最大値	級内相関
都市レベル	人口増加率	281	0.915	0.959	-1.141	4.803	0.524
	2000 年人口（対数）	281	13.950	0.793	12.849	17.306	-0.028
	2000 年面積（対数）	281	7.961	1.130	5.115	11.335	0.518
	地方政府数（対数）	281	3.363	1.52	0.000	7.226	0.553
	失業率	281	6.340	3.290	1.001	20.535	0.610
国レベル	人口増加率	281	0.684	0.517	-0.475	1.751	
	単一国家	281	0.431	0.496	0.000	1.000	
	首都	281	0.096	0.295	0.000	1.000	

4 ｜ 計量分析

4.1　分析モデル

　すでに述べたように，本章で扱うデータには，国レベルと都市レベルという階層状の構造をとっているという特徴がある．そのために，国レベルの変数については，同じ国に属する都市であれば同じ数値が用いられることになる．このようなデータの場合，同じ国に属するそれぞれの都市のサンプルが独立ではなくなる可能性がある．すでに述べたように，目的変数である人口増加率をはじめ，本章で扱う変数は級内相関が高く，データが階層性を持っていると考えられる（表 4-1）．そのために，通常の回帰分析を用いて分析すると，都市レベルの効果と国レベルの効果をうまく区別することができず，分析の結果を誤って解釈してしまう蓋然性が高くなる（清水 2014）．

　このような問題への対処として考えられるのは，階層線形モデル（Hierarchical Linear Model）のように，データの階層性を前提として，目的となる変数の分散を都市レベルの効果と国レベルの効果に分解して説明変数の効果を推定するという方法である（清水 2014:

13). 本章で想定するのは単純な階層線形モデルであり，都市レベルの切片が国レベルの変数の関数になっているというものである．推定するモデルは次のように表現される．

$$y_{ij} = \beta_{1j} + \beta_2 x_{ij} + \varepsilon_{ij} \qquad \cdots \text{（1）都市レベル}$$
$$\beta_{1j} = \gamma_1 + u_{ij} \qquad\qquad \cdots \text{（2）国レベル}$$
$$y_{ij} = (\gamma_1 + u_{1j}) + \beta_2 x_{ij} + \varepsilon_{ij} \quad \cdots \text{（2）を（1）に代入}$$

通常の回帰分析で想定するような誤差（ε_{ij}）に加えて，国レベルでもランダムな誤差（u_{ij}）を想定することで，階層状のデータであることによる問題を回避するという方法である．これによって，切片については固定効果（γ_1）として考えられる部分に加えて国ごとに異なる変量効果（u_{1j}）が想定されることになる．回帰係数についても国ごとに異なるような想定をすることは可能だが，仮説の中では回帰係数の変量効果を想定するような変数は設定しておらず，本章ではあくまでも切片のみについての変量効果を推定することになる．

このような階層線形モデルの推定にあたっては，異なるレベルの効果が区別しやすくなるように，都市レベルの変数は集団平均を用いて中心化し，ダミー変数以外の国レベルの変数，つまり国レベルの人口増加率については全体平均で中心化した（清水 2014）．推定には最尤法を用いるが，その場合，サンプルサイズが小さいと推定精度を高く見積もりすぎるという問題が指摘されている．本章で扱うデータは，いくつかの国で都市データが少ないという問題もあるため，併せてマルコフ連鎖モンテカルロ（MCMC）法によるベイズ推定を行うことで推定値を得る．ベイズ推定については，サンプリングを 11000 回繰り返したうえで，初めの 1000 回を捨てた残り 10000 回について，パラメータの事後分布が収束したことを確認し

表 4-2 推定結果

		最尤法				ベイズ推定			
		推定値	標準誤差	信頼区間		事後分布の平均値	標準偏差	信用区間	
				下限	上限			下限	上限
都市レベル	2000 年人口	−0.165	0.073	−0.307	−0.022	−0.167	0.074	−0.311	−0.020
	2000 年面積	0.368	0.059	0.253	0.483	0.368	0.060	0.249	0.485
	地方政府数	−0.117	0.050	−0.215	−0.019	−0.117	0.051	−0.217	−0.017
	失業率	−0.012	0.019	−0.048	0.025	−0.012	0.019	−0.049	0.026
国レベル	人口増加率	1.246	0.100	1.049	1.442	1.221	0.125	0.961	1.454
	単一国家	−0.157	0.110	−0.372	0.058	−0.170	0.133	−0.447	0.084
	首都	0.074	0.251	−0.417	0.566	0.085	0.257	−0.421	0.588
	単一国家 ∗ 首都	0.197	0.287	−0.365	0.758	0.200	0.295	−0.375	0.780
サンプルサイズ		281				281			
グループ数		29				29			
逸脱度		528.2				532.1			
集団間変動		0.081				0.127			

ている.

4.2 結果の解釈

推定された固定効果は表 4-2 に示されている.異なるデータセットを用いた推定の結果はそれほど大きく変わらないと言えるだろう.逸脱度は,最尤法が 528.2 であるのに対してベイズ推定が 532.1（中位値）とそれほど変わらない.集団間変動の推定値を見ると,最尤法の場合に 0.081 であるのに対してベイズ推定では 0.127 という比較的高い値となっている.つまり,ベイズ推定の方がより集団間変動を大きく見積もる保守的な数値になっていると考えられる.これらから,総じてベイズ推定の結果を中心に考えるのが妥当と言えるだろう.

まず都市レベルの変数の効果について確認する.本章の注目する中心地域における地方政府の数は,5% 水準で有意に 0 よりも小さくなっており,マイナスの効果が有意に示されている.すなわち,仮説通りに中心地域における地方政府の数が増えるほどに都市の人

口増加率は低くなる傾向にあると考えられるのである．対数変換や中心化を施しているために係数の解釈は難しいが，一般に対数値の説明変数の 0.1 単位の増加が 0.1 に係数をかけた目的変数の増加をもたらし，増加率が小さければ対数値の 0.1 単位の増加が元の変数の 10% の増加に近似できることを踏まえると，平均から 10% 程度地方政府数が増えると 0.01% 程度人口が少なくなる効果があると考えられる．数多くの地方政府を抱える都市圏には少なからぬ影響を与えると想定できるだろう．

　その他の都市レベルの変数についてみると，2000 年人口が大きい地域では人口増加率がやや低減する，つまり頭打ちになる傾向がある一方で，面積が大きいと人口増加率が高いという関係が観察できる．都市の面積が大きいということは，住宅などに利用することができる空間が大きいことを意味しており，相対的に安く住宅を供給することができるために発展の余地が大きいと理解することができるだろう．また，先行研究ではしばしば有意な正の効果が観察されていた失業率は，本章の分析では有意な効果が見られなかった．その理由としては，先行研究が基本的に国内の都市間比較を行っていたのに対して，本章では国の枠を超えて大都市比較を行っていることに求められる．国内では相対的に経済状態がよい都市とそうでない都市が混在し，その間の移動が強調されるのに対して，大都市比較の場合には，国内で相対的に経済状態がよい都市を集めて比較することになるので効果が観察されにくいと理解できるのではないだろうか．

　国レベルの変数の効果を見ると，まず国の人口増加率が大きいときに都市の人口増加率も大きくなっていることがわかる．どちらが原因でどちらが結果かという因果関係が明らかというわけではないが，係数が 1 を超えていることは，人口が増えている国の中ではとりわけ都市の人口が増えている傾向を示していると考えられる．次

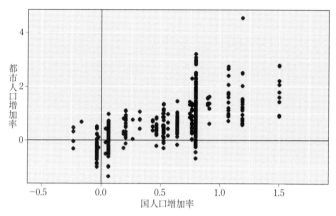

図 4-2 都市レベルの人口増加と国レベルの人口増加（確認データ）

出典：OECD データから筆者作成

に，単一国家か連邦国家か，そして首都かどうかという変数は，交差項を利用しているために表からすぐに結果を解釈できるわけではない．しかし，2 つの変数がダミー変数であることを利用すると，「単一国家の首都」「単一国家の首都以外」「連邦国家の首都」「連邦国家の首都以外」という 4 つの変数の効果を理解することができる．ベイズ推定による事後分布の平均値を使ってその効果を表すと，「連邦国家の首都以外」の場合と比べて，「単一国家の首都」の場合は 0.115% ポイント，「連邦国家の首都」の場合は 0.085% ポイントほど人口増加率が大きくなり，「単一国家の首都以外」は反対に 0.170% ポイント人口増加率が小さくなっていると計算できる．国を分析単位として都市のあり方について議論した比較政治学の先行研究が示したように，単一国家においては首都とそれ以外の差が大きく，首都に人口が集中しやすくなるのに比べて，連邦国家ではその違いが小さくなるということである．

表 4-3 頑健性の確認

		モデル 1 （最尤法）	モデル 2 （最尤法）	モデル 3 （ベイズ）	モデル 4 （ベイズ）
都市レベル	2001 年人口	0.023 (0.059)	−0.018 (0.042)	0.022 (0.060)	−0.018 (0.042)
	2018 年面積	0.303 (0.050)	0.240 (0.039)	0.305 (0.051)	0.240 (0.040)
	地方政府数	−0.273 (0.064)	−0.135 (0.040)	−0.270 (0.065)	−0.134 (0.041)
	失業率	0.068 (0.274)		−0.060 (0.014)	
国レベル	人口増加率	1.000 (0.138)	1.111 (0.091)	1.024 (0.157)	1.101 (0.103)
	単一国家	−0.055 (0.106)	−0.010 (0.094)	−0.018 (0.139)	−0.006 (0.109)
	首都	0.329 (0.217)	0.295 (0.207)	0.335 (0.222)	0.294 (0.209)
	単一国家＊首都	0.069 (0.274)	0.106 (0.242)	0.048 (0.280)	0.099 (0.245)
サンプルサイズ		353	546	353	546
グループ数		24	29	24	29
逸脱度		611.3	911.8	614.9	902.0
集団間変動		0.072	0.137	0.119	0.168

注：モデル 1・2 の上段は係数の推定値，下段カッコ内は標準誤差．モデル 3・4 の上段は事後分布の平均値，下段カッコ内は標準誤差．

4.3 頑健性の確認

　さらに，OECD ウェブサイトでのデータの更新を受けて，新たに公開されているデータで同じような関係を確認できるかどうかについて分析を行った．まず，国レベルの人口増加率と都市レベルの人口増加率の関係について見たものが図 4-2 である．基本的に図 4-1 と同様の傾向が確認できるが，国レベルの人口増加率が非常に小さくなったリトアニアとラトヴィアのデータが観察できなくなっている．

分析においては，欠損値が非常に多い失業率を加えたモデルと外したモデルの2つのパターンを設定し，それぞれ前項までと同様の最尤法とベイズ推定を用いた分析結果を示している（表4-3）．基本的には同様の結果が得られており，地方政府数は有意に負の効果を示している．2つのモデルでその効果の大きさがやや異なるが，このデータで失業率を外したモデルにおいては，例えば日本や韓国などの都市が分析に入らないなど，対象となる国が限定されることによるものであると考えられる．その他，国レベルの人口増加率が有意な正の効果を示しているほか，2018年のものであるが面積が正の効果を示していることも同様の結果が得られている．

　単一国家かどうか，さらに首都の効果についても，基本的に同様の結果が得られたが，新しいデータを使った分析では，単一国家かどうかに関わらず，首都の効果が大きくなっている傾向がうかがえる．しかしながら，失業率を含まずに日本や韓国など有力な単一国家の国が含まれているモデル2・4を見ると，依然として単一国家の首都で人口増加率が高い傾向を確認することが可能である．データがカバーする範囲の違いによって多少の異同は見られるものの，異なるデータであってもおおむね同じような傾向を見出すことができると言えるだろう．

5 ｜ 比較の中の日本の大都市

　次に，OECD諸国における大都市圏についての計量分析を踏まえて，日本の都市の特徴について検討してみたい．取り上げる変数は，本章で検証した仮説の説明変数である地方政府数である．これと人口増加率との関係を散布図として示したものが図4-3である．この図から，比較の中での日本の大都市の特徴について，いくつかの解釈が可能になると考えられる．

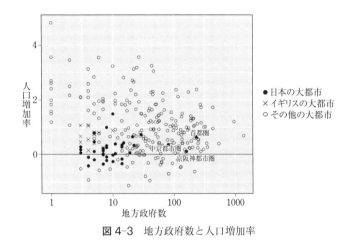

図 4-3 地方政府数と人口増加率

　図 4-3 からわかることは，日本においては本章の計量分析で得られたような関係は必ずしも見られないということである．実際，サンプルサイズは小さいが，日本のデータだけを取り出して都市レベルの変数を用いて回帰分析を行っても，有意な効果は見出せない[6]．有意な効果が見られない理由には，図 4-3 が示すように，日本には地方政府数が少ない都市圏が少なくないものの，他の国の同様の都市圏と比べて，それらの人口増加率が小さくなっているということがあると考えられる．東京を含む首都圏は別として，他の国と同様に地方政府の数が増えると人口増加率の伸びは悪くなるが，相対的に小規模な都市圏の多くでも人口の伸びは抑えられているのである．日本では，他の国と比べて人口で見た都市のランキングにほとんど変化がないことがしばしば指摘されるが（たとえば原田 2001），相対的に人口が少なく，地方政府によって分節されていることの少ない

　6）　この回帰分析を行うときは，都市レベルの変数の他に，国レベルの変数では東京を含む首都圏のダミー変数のみを用いた．

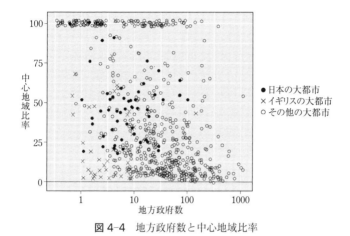

図 4-4　地方政府数と中心地域比率

都市圏が，日本以外の他の同様の都市圏のように人々を集めること
ができていないために，そのような現象が起こると理解することが
できる．

　さらに，日本の地方政府の数が少ない都市圏は，第 1 章でも指摘
した，都市の規模に比べて地方政府の規模が大きすぎるという問題
を抱えている可能性がある．次の図 4-4 は，先ほど頑健性の確認を
行ったデータを用いて，2018 年における地方政府の数と都市圏の
中での中心地域の比率の関係を示したものである．これを見ると，
日本の都市圏は，特に地方政府数が少ない都市圏において，中心地
域比率が低い傾向にあるのがわかる．言い換えると，都市の中心と
は呼べないような地域を含んで都市圏が形成されているのである．
同様の傾向は，日本と同様に市町村の人口・面積の規模が大きいイ
ギリスでも見られており，周辺地域も含んで地方政府を形成するこ
とが都市の成長の制約となる可能性が示唆されている．

　反対に，日本の最も主要な都市圏である首都圏・京阪神都市圏・
中京都市圏の 3 大都市圏は，地方政府の数が多いにもかかわらず，

人口増も維持しており，かつ中心地域比率も高くなっている．その背景には，単一国家において国家的に集積が進められた地域であるということもあるだろう．そして，これらの都市圏は，日本で通常考えられる大都市よりも明確に大きいものである．たとえば京阪神都市圏であれば，大阪のみならず神戸や京都も含んでおり，近年の大阪都構想で都となることが論じられた大阪府全域よりもはるかに大きい．しかしそれでも国際比較の観点から言えば突出して大規模というわけではない．

　このような3大都市圏をどのように扱うかは重要な問題である．しかし，日本でしばしば議論されるのは，3大都市圏の中にある個々の政令指定都市をいかに大都市として扱うかという論点である．最近では，大阪都構想のように府県を大都市を管轄する単一の地方政府として捉える発想に対抗して，政令指定都市市長会を中心に，大都市の地方政府に府県並みの権限を与えるような特別自治市構想も提案されている．しかしながら，とりわけ首都圏や京阪神都市圏のように複数の政令指定都市を抱える地域では，それぞれの政令指定都市の自律性を高めることで，大都市圏域として協調を進めることを困難にしてしまう可能性がある．

得られた知見

　本章は，国を超えた大都市圏の比較分析を行い，大都市圏に顕著な地方政府による分節が大きくなるほど，その成長が抑制される可能性があることを計量分析によって明らかにした．また，これまで比較政治学の実証研究によって示されてきたように，単一国家と連邦国家による違いが存在すること，つまり単一国家は首都に資源が偏在しがちであるのに対して連邦国家は両者の違いが少ないことを，国ではなく都市を分析単位として確認することができた．大都市が

国の中に複数存在し，国ごとに類似性を持つことになるというデータの階層性に配慮した階層線形モデルによる分析を行ったことは，まだ研究が進んでいるとは言えない大都市比較の新しい方法を示した貢献であるとも言えるだろう．さらに OECD から別の時点で公表されたデータについて最尤法とベイズ推定を用いて分析することで，得られた結果に一定の頑健性を確認できたと考えられる．

　比較の中に位置づけた日本の都市の姿は，第 1 章で論じた日本の都市の問題を浮き彫りにするものであったと考えられる．まず，3 大都市圏が，日本でしばしば議論される大都市制度が想定する大都市よりも大きな領域を持つことは改めて注意が必要だろう．第 7 章でも見るように，大阪都構想に対して地方政府を集約するという考え方についての批判もあるが，本章で議論しているように，国際比較では地方政府が集約されている大都市圏のほうが成長を続けている傾向が観察される[7]．反対に，政令指定都市にさらに権限を付与した特別自治市などを創設し，大都市の中により自律性の高い地方政府を作り出すようなことは，大都市圏内での地方政府間の分裂した意思決定の調整をより困難なものとする可能性があり，大都市の成長を制約することも考えられる．

　そして，3 大都市圏以外の日本の都市については，それぞれ都市として一定の人口規模を有するものの，大都市として国際比較に位置付けたとき，地方政府による分節が大きくないにもかかわらず成長が見られない傾向にある．日本におけるそのような地方都市は，他の国の都市と比べて中心地域への集約が弱く，都市としての魅力

---

7)　ただし，当初の大阪都構想は大阪都に多くの権限が吸収されることを志向し，それに対する批判が強かったものの，第 7 章でも見るように，この構想は次第に特別区への分権を強調するようになっていった（砂原 2012）．特別区というより住民に近い地方政府を設置することを強調すれば，地方政府を集約するという方向性とは反対になるだろう．

を打ち出すことが難しかったのではないかと考えられる．これまでは日本全体の人口増加とともに都市が成長してきたとしても，日本が人口減少に直面する中で，そのような都市の周縁化を避けることが容易ではない課題であると指摘できるだろう．

第 5 章 民意をどこに求めるか

住民投票と地方議会

はじめに

　地方政府が関わる重要な問題の中には，ひとつの地方政府だけではなく，周辺の同じレベルの地方政府やより広域を担当する地方政府，あるいは国が関心を持つものも少なくない．国と地方が融合的な関係を築いてきた日本では，広域にかかわる重要な問題について両者が時に厳しい利害調整を行いながら解決を目指すものとされてきた．とりわけ，米軍や日本の自衛隊の基地，さらには原子力発電所のようないわゆる迷惑施設についてはその傾向が強い．国家的な観点から必要であるとされるものの，多くの地方政府がその受入れを拒む施設について，国からの補助金が受入れを表明する地方政府に供与され，地方政府はしばしばその補助金を用いて地域住民の合意形成を行おうとする．

　このような合意形成は，住民によって選挙で選ばれた政治家や政党が中心となり，地域に対して一定の潜在的な不利益がもたらされるとしても，同時にもたらされる経済的な便益が地域の発展を促進することに期待する，いわば「高度な政治的判断」として実施されることが少なくない．しかし，補助金が迷惑施設の補償として機能すると期待される一方で，そのような補助金に依存して地域の自己決定が失われることに対する批判も少なくない（開沼 2011; 島袋 2014）．現代では，日本を含めた多くの先進民主主義国において，政治家や政党が多様な選好を持つ人々の意思を代表して困難な決定を行うことが難しくなる一方で，重要な問題は自分たちで決めるこ

とができるという考え方が広まり，政治プロセスにおける直接民主主義の要求が高まっている（Morel 2017; Ruth, Welp and Whitehead 2017; Matsusaka 2020）。

　日本において重要な直接民主主義の手段となってきた住民投票は，広域の観点での意思決定に反発する，より狭い地域の住民の社会運動から展開していったと考えられる（今井 2021）。基地や原子力発電所の設置に対する反対の一環として住民投票条例を求める直接請求が行われ，複数の地方政府で実際に条例が制定されている。初めて実施に移されたのは，1996 年の新潟県巻町における原子力発電に関する住民投票であり，これをきっかけに，多くの地方政府が独自に住民投票を行うようになっていった。とりわけ 2003 年から 2006 年にかけては，平成の大合併をめぐる住民投票が数多く行われ，人々は次第に直接民主主義の制度に慣れ親しむようになった。

　住民投票には，住民の最終的な意思を表明する手段であることが期待される。しかし，新しいタイプの住民投票は，そのほとんどが拘束力を持たず，実際に住民投票の結果が実現されるかどうかは，地元の政治家の判断にかかっている。住民投票の対象としては，当初は，原子力発電所や産業廃棄物処理施設，そして自衛隊・米軍の軍事基地などの迷惑施設が中心であったが，最近では，都市計画の中核となる施設である地方の庁舎をはじめとした公共施設の建設が，住民投票の対象となり始めている。このような住民投票の多様化は，他国においても同様であり，従来は国家建設の文脈で，法的拘束力のある国民投票や，スコットランドやケベックなどの地域の分離住民投票に焦点を当てていた。それに対して近年では，拘束力がなく，地方レベルの住民投票を中心に，政府の決定に対して諮問的な効果しか持たない「ソフト」なレファレンダムの利用が増えているとされる（Gamper 2015; Jäske 2017; Schiller 2017）。

　本章では，まず日本で実施されてきた住民投票の類型化を行った

うえで，その目的について，拒否権と正統化という2つの観点から整理する．住民投票によって政府の方針に反対する意思が表明されることは，住民投票の最も重要な機能である（Qvortrup 2002）．しかし現在の日本における住民投票の多くは諮問的なものであり，直接に拒否権として機能するわけではない．住民投票によって地方議会と異なる意思が示されても，あくまでも地方議会が最終的な判断を行うこととなる．そのような制度のもとで，代表である地方議会が住民投票で示された民意を否定することを，人々がどのように理解するのかについてオンラインでの意識調査を利用しながら分析する．

1 | 住民投票の類型化

　日本では，憲法や地方自治法に基づき，いくつかの種類の住民投票が行われている．市民にとって最も身近なものは，選挙で選ばれた長や地方議員の解任と地方議会の解散を可能にするための住民投票であろう．選ばれた代表に異議を唱える市民が十分多ければ，政治家の解任を求める署名を集める運動を始めることができる．具体的には，署名数が有権者の3分の1以上に達し，地元の選挙管理委員会が署名を有効と認めれば，政治家の辞任を決める住民投票が行われることになる．都道府県や政令指定都市のような大規模な地方政府では必要な数の署名を集めるのは大変だが[1]，有権者が少ない

---

　　1)　有権者である選挙人が40万人以上の地方政府の場合，必要な署名数が異なる．地方政府の選挙人が「X」（40万以上80万未満）の場合，必要な署名数は $1/3*40$ 万 $+1/6(X-40$ 万$)$，選挙人が「Y」（80万以上）の場合，$1/3*40$ 万 $+1/6*80$ 万 $+1/8*(X-80$ 万$)$ の署名が必要である．このような措置があるにもかかわらず，大都市では十分な数の署名を集めることが難しいが，人口200万人を超える名古屋市でも，2011年に地方議会の解散を問う住民投票が実施された．

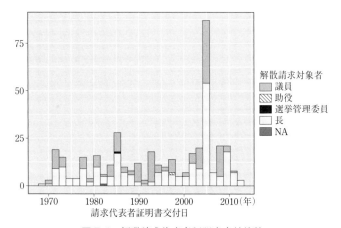

図 5-1 解職請求代表者証明書交付件数

出典：『地方自治月報』から筆者作成

小規模な地方政府では，政治家の解職のための住民投票が頻繁に行われている．

岡本三彦らの研究によれば，1947年から2018年の間に行われた解職請求の試みは1542回（長720回，議会498回，議員324回），投票数は486回（長191回，議会193回，議員102回）であったという（Okamoto and Serdült 2020）．長と議会の解職請求は，後述する平成の大合併の時期のほか，終戦直後に多い．実際に住民投票によってその職を追われたのは，長は39回，議員が70回，議会の解散が115回であるという．実際に住民投票が実施されたとき，議会・議員については解散や解職に追い込まれやすいが，長はその地位にとどまることも少なくない．

図5-1は，1970年代以降の，解職請求の署名運動を行う請求代表者の証明書が交付された件数を示したものである．これを見ると，年間で5〜20件程度の解職請求が行われているが，特に2005年にその数が非常に大きくなっていることが分かる．これは第6章で扱

う平成の大合併に関連して，長や議員に対する解職請求が盛んにお
こなわれていたことを示すものである．実際に行われた解職請求の
住民投票は，2000年代後半で年間10件程度であり，しかもそのす
べてが成立しているわけではない．なお，1970年代から80年代に
かけても合併・原発・基地・庁舎移転など現在住民投票の争点とな
りやすいものに関して解職請求が行われているほか，汚職や収賄を
理由とした解職請求も目立つ．

　政治家の解職に関する住民投票以外にも，いくつかの住民投票の
分類が存在する（Gallagher and Uleri 1996; Setälä 1999; Kriesi 2012;
Morel 2017; Hollander 2019）．その分類の重要な基準として挙げられ
ているのは，まず，特定の状況において住民投票の実施が求められ
ているかである．これは，あらかじめ法律などに基づいて特定の条
件を満たすと住民の意見を聞かなくてはいけないと定められている
かどうかを指す．法律の定めがない場合には，状況に応じて住民投
票が行われるかどうかが決められる．次に，誰が住民投票のプロセ
スを始めることができるかという問題である．住民が発議を行うた
めには，一定数の署名が要件として課されている場合が多い．また，
地方議員などの政治家が発議を行う場合もある．さらに，住民投票
を始めた人々が具体的な提案を書くことができるかという問題も重
要である．住民が発議を行っても，住民の提案がそのまま住民投票
にかけられるとは限らず，政治プロセスにおいて具体的な案文が決
められることも少なくない．そして最後に住民投票の結果を代表が
受け入れなくてはいけないかどうかである．受け入れなくてはなら
ない場合は拘束的（binding）な住民投票と呼ばれ，受け入れなく
てもよい場合は諮問的（advisory）な住民投票と呼ばれる．もち
ろん，諮問的な住民投票であっても，その結果は一定の正統性を持
つと考えられるため，政治家がその結果を無視することには政治的
なコストが伴うことになる．

このような基準を用いると，日本の地方政府の住民投票はおおむね3つのタイプに分類することができる．まず，日本国憲法第95条に基づく義務的な住民投票がある．これは，国会が特定の団体にのみ適用される特別法を制定する際に，その有権者の過半数の同意を必要とするもので，日本国憲法第95条に規定されている．特定の地方政府のみに適用される特別法について住民投票の内容を国会が定め，仮に特定の団体にしか適用されないと考える人々がいても，地方政府や地域住民が発議することはできない．そして，結果は法的拘束力を持つ．新憲法施行後，この住民投票は19回行われたが[2]，これらはいずれも都市建設のための国庫補助金をめぐるもので，すべての住民投票で過半数の賛成を得ていた．しかし，日本国憲法で定められた住民投票が最後に行われたのは1952年である[3]．その後このようなタイプの住民投票は実施されていないが，第7章で扱う，2015年と2020年に大阪市で行われた住民投票はこれに近いものと言えるだろう．国の法律である大都市地域特別区設置法によって定められた条件に基づいて，大阪市という特定の市において拘束的な住民投票が実施されたのである．

次に，平成の大合併の時代にしばしば見られた，市町村合併に際して住民の同意を得るために行われた住民投票がある．合併に関する住民投票とひとくくりにされることが多いが，実は次章で詳細に検討するように，この住民投票にも3つのタイプがある．まず市町村合併の初期段階に行われる，合併協議会の設立の承認を得るための住民投票である．この住民投票は，合併特例法に基づいており，住民が合併の手続きを開始することを許すものである．住民が一定

---

2) 19の内訳は，東京都（首都建設法）と18の市町村である（小林2009）.

3) 今井照は，中央政府がこの種の強制的な住民投票を避けていることを批判し，米軍基地問題のためには沖縄で，原発問題のためには福島で，住民投票を行うべきだと主張している（今井2017）.

の署名を集めて市町村に提出することによって住民投票が行われ，有権者の過半数が承認した場合，市町村は合併協議会を設置しなければならない拘束的なものである．それとは別に，市町村合併の最終段階で，多くの市町村は合併そのものを承認するための住民投票を行った．このような住民投票は，国の法律ではなくあくまでも地方の条例に基づくものであり，その手続きは状況依存的である．結果についても市町村長や地方議会はそれを受け入れなくてはいけないというわけではない．実際，市町村長や地方議会の中には，これらの諮問的な住民投票の結果を無視して，有権者の意思に反して合併を決定する（しない）ところもあった．このような場合，合併に反対する市民は，合併を推進する市町村長や議会議員を解職請求するための署名を集め，市長選挙によって合併に反対する新しい市長に交代させることを狙うということも少なくなかった．第3の類型は，第1の類型と第2の類型の中間的なものである．つまり，市町村が住民に対して市町村合併の枠組み——どの市町村が合併に適しているか——について諮問するものである．2010年に行われた総務省の調査によれば，平成の大合併においては，合併協議会設立のための住民投票が53件，市町村合併そのものの承認のための住民投票が319件，合併の枠組みを決めるための住民投票が73件行われた[4]．

　最後に挙げられるのが，地方政府が決めた公共政策の承認に関するものである．このタイプの住民投票は，迷惑施設に対する反対運動から始まったと言える．迷惑施設の建設を中止するために，住民が地方政府の有権者の2%以上の署名を集めて議会に対して住民投

---

4)　総務省ウェブサイト https://www.soumu.go.jp/main_content/000087297.pdf による．ただし次章で扱う総務省の調査とは異なるものであることに注意が必要である．また，この数については必ずしも正確ではないとする指摘もある（今井 2021; 新垣 2021）．

票条例の制定を求めるのである．最初の事例として，1979 年に東京都立川市で住民投票条例の制定が請求されたが，議会ですぐに否決された（森田・村上 2003; 今井 2021）．制定された最初の住民投票条例は，1982 年に制定された高知県窪川町での原子力発電所の建設に関する条例である．この町では，住民が議会に条例制定の請求を行ったが，1 度議会で否決されたことで，町長は厳しい批判にさらされ，失脚の危機に陥った．そこで町長は，再選時に住民投票条例を制定することを約束し，再選を果たした後，議会を説得して承認させることに成功したのである（今井 2000）．しかしその後，町は原発建設を断念し，結局，住民投票を行う必要はなくなった．その後，1996 年に新潟県巻町で初めて原発設置の賛否を問う住民投票が行われた[5]．2019 年末の時点で，市町村合併に関係しない住民投票は日本で 48 回行われている（今井 2021）．

2 住民投票の目的

2.1 拒否権としての住民投票

日本において，国の法律ではなく地方政府の条例に基づいて行われる住民投票は，基本的に法的拘束力を持たない．重要な決定を行うのは選挙で選ばれた政治家だけなので，このような住民投票には意味がないと主張されることもある．しかし，十分な政治的議論を経て住民投票が実施された場合には，法的拘束力の有無にかかわらず，利害関係者がその結果に従うことが求められることが多い．巻町の最初の事例は，原発に反対する地元の利害関係者の努力によっ

---

5) 窪川町の後，巻町の前に，3 つの地方政府（鳥取県米子市，三重県南島町，宮崎県串間市）が住民投票条例を制定した．しかし，いずれも最終的には住民投票を実施せずに問題を解決した．

て開始された住民投票が，政治プロセスの中で実質的な拒否権を持ちうることを示した．巻町では，住民が原子力発電所の建設を阻止するための動議を提出したのに対して，地元議会は当初これを否決した．しかし否決された後，住民投票推進派は，多くの有権者が原発に反対していることを示す「自主管理型」の住民投票を実施した．この住民投票はあくまで人々が自主的に行ったもので，当然法的拘束力はない．しかし，町の有権者の半数近くが参加して原発に反対したという事実は，反対派への支持を裏付け，最終的に地方議会が住民投票条例を承認することになった．そして住民投票において，巻町の住民の過半数が反対票を投じたため，地方政府は結局原発の設置を断念した（中澤 2005）．

　住民投票が拒否権として機能すれば，住民は拒否権によって地方政府の事業をコントロールすることが期待できる（上田 2007; 岡本2012）．他方，地方政府の条例による住民投票には法的拘束力がないため，地元の政治家はその結果を無視することもできる．実際，山口県岩国市では，強硬派の市長が米軍基地に関する住民投票の結果を無視し，地元住民の反対にもかかわらずプロジェクトを推進した．多くの場合，迷惑施設に対する反対運動は，その設置を拒否するための手段として住民投票を求める．したがって，この種の住民投票の機能を，拒否権の行使を成功させるという観点から考えることには意味がある．

　日本の住民投票を地域住民の拒否権行使として考える場合，住民投票の実施を最終的に決定できるのは誰かという点に焦点が移る（Tsebelis 2002＝2009）．市長や地方議会議員の過半数が，自らが行った特定の決定を正当なものと考えている場合，その決定を損なう可能性のある住民投票を実施したくないと考えるかもしれない．そのため，住民投票は限られた場合にしか実施されないことになる．他方で，少数派とされる政治家（市長や地方議会議員）が，地方議会

での多数派による決定に異議を唱えた場合，その決定を地元市民に委ねることを主張することがある．議会のレベルでの少数派が，住民を動員して多数派の決定を変えようとするのである．

　日本では，住民が有権者の署名を集めて住民投票条例制定の請求を行うことができるが，条例制定には地方議会での多数決が不可欠であり，議会が請求を否決することが多い．ほとんどの場合，地方議会議員たちは，住民投票によって自分たちの決定が覆されることを望まない．地方議会の多数が元の決定を安定的に支持している場合，住民投票の動議が承認される可能性は極めて低い．一方で，特定の問題に関して賛成派と反対派が激しく対立している場合は，議会は住民投票を承認することもある．元の決定の推進派は，住民投票を拒否すれば次の選挙で厳しい批判を受けることになるために，次の選挙で自分の立場が危機的なものになると認識している議員は，批判されることを避けようとする．したがって，反対派が明確な多数を占めていなくても，地方議会が住民投票の実施を承認する場合もある．

2.2　住民投票による正統化

　住民投票は，地方政府の決定に反対する市民だけでなく，決定を下す地元の政治家にとっても重要な意味を持つようになっている．それは，住民投票の結果が政治家の提案を正しいものだとする正統化の機能を持ちうるからである．住民投票の結果が正しいものだと見なされるようになれば，特に市町村長などが住民投票を提案できる場合，この新しい制度的装置を脅しに使って地方議会の多数派を動員することができるようになる（Tridimas 2007）．また，議会少数派も多数派との交渉の手段として住民投票を利用することができるようになる（Hug and Tsebelis 2002）．地方政府の中には，議会の過半数の承認を得なくても住民投票を実施できる恒久的な条例を制

定しているところもある．このような例外的な地方政府では，地元の市民が所定の数以上の署名を集めるだけで，住民投票の実施を強制することができる．

住民投票が実施され始めた当初は，迷惑施設に反対する運動がこれを利用し，住民の署名を集めて住民投票条例を議会に請求していた．住民投票の要求は反対運動を通じて徐々に形作られ，最終的には地方議会議員が住民の意思を無視できなくなり，微修正を加えながらも条例を施行することになっていった．地方政治では住民投票が完全には制度化されていないため，地方政府の決定に潜在的に反対する人が恣意的に住民投票の可能性を操作して事実上の拒否権を行使することもできたのである．しかし実際には，このような方法で地方政府の決定を変えることに成功した例は少なく，多くの反対運動は住民投票の実現に失敗している（今井 2021）．

住民投票の利用が増えたことで，その性格に変化も生まれたと考えられる．公共施設の建設に関する住民投票は，地方政府の決定に対して住民投票で拒否権を行使するというだけでなく，より複雑な政治的プロセスを伴う傾向がある．そこで重要になるのが，住民投票を通じて政治家が自分の提案を正統化しようとすることである．庁舎建設（塩沢 2016）などを中心に，住民投票で対立する争点に結論を出そうとする場合，住民投票の発議は必ずしも市民が行うものとは限らない．市長や地方議会の議員が発議を行うことがある．特に市長が交代し，地方政府の元々の決定を見直そうとする新しい市長が就任した後に，住民投票が争点になりやすい．現職の市長に対抗する候補者は，選挙期間中に庁舎の建設や移転，あるいは大規模な公共施設の建設など地方政府の事業を見直すことを公約に掲げることが多い．しかし新たに選出された市長が，地方議会の意見を取りまとめてそのような政策を変更することは難しい．結局，地方議会が市長の提案を承認しそうにないので，市長は住民投票で正統化

を試みるのである.

住民投票が迷惑施設に対する反対運動と切り離され，地元の政治家がその実施を決めるようになれば，住民投票に対する市民の関心は低下すると考えられる．自分の決定を擁護しようとする地元の政治家は，反対運動が注目を浴びる前に住民投票を実施するかもしれない．政治家が住民投票であらかじめ支持を動員できれば，地元市民の反対が予想される問題案件に，より効率的に対処できるだろう．例えば，三重県海山町では，原子力発電所建設プロセスの初期段階で，町長が主導して住民投票を実施した．町長は，国からの多額の補助金を得るために原子力発電所を誘致したいと考えており，その計画を発表した直後，反対運動が顕在化する前に住民投票を提案したのである．その投票の結果，かなりの反対で原発計画は否決されたが，この例は，地方政治家が住民投票を利用して自分たちの提案を正統化しようとすることを示している．

3 │ 地方議会と住民投票の受容

3.1 民意をめぐる競争

ここまで述べてきたように，日本において 1996 年以降，住民投票という直接民主主義的な手段が開かれてきたが，その位置づけは現在のところ曖昧なままである．住民投票の発議については，地域住民の 2%（50 分の 1）の署名や市町村長・地方議員のイニシアティブで始めることが可能であり，かつ，どのような争点でも住民投票の対象になりうるという点で，他の国と比べて緩やかな制限でしかない（Morel 2017）．しかし，最終的に地方議会の承認が必要であるという点では非常に制約が強く，また，大都市地域特別区設置法のような例外的な場合を除いて拘束的な住民投票が行われないとい

う意味では，住民投票が十分に尊重されているとは言えない．

　日本の地方政府における複雑な政治システムも，住民投票の位置づけに影響を与えている．第1章で示した通り，日本では地方政府の領域全体から独任制の市町村長が選出される一方で，地方議会においては単記非移譲式投票による選挙制度が採用されており，特に規模の大きい市町村では選挙区定数が大きく，極めて激しい政治的競争が行われ，分裂した意思決定の原因となっている．議員の多くは政党に所属しておらず，所属していたとしても政党による規律づけは非常に弱い．ヨーロッパでは地方レベルにおいて，緑の党のように先鋭的に直接民主主義を求めるような政党が存在するが（Schiller 2017），日本の場合，住民投票を求めるのは政党からやや距離を置いた社会運動であることが多い．非常に限定された有権者に支持された地方議員が現状維持を追求する傾向がある中で（砂原 2011），住民投票は散発的に表れる反対意見の表明という性格が強いと考えられる（Vospernik 2017）．とりわけ初期の住民投票は，多数派が正統性を確認するために行うものというよりも，決定から疎外されがちな少数派が現職の政権を批判して実現につなげたという性格が強い．そのために，選挙で選ばれた代表と直接的な民意を示す住民投票の正統性が衝突するということも少なくないのである．

　このように，日本の地方政府においては住民投票の位置づけが制度的に保障されているわけではなく，人々はその正統性について多様な認識を持っている可能性がある（Arnesen et al. 2019）．そこで本章では，住民投票は常に意思決定のための権限を持っているとみなされるのか，あるいは住民投票の特性によってその正統性に差異があるのかについて検討する．差異をもたらす可能性がある変数として，これまでの議論を踏まえたうえで，住民投票の争点，多数派の大きさ，投票率，誰が発議したかの4つを検討する．

3.2 正統性に差異をもたらす要因

住民投票の争点　はじめに取り上げるのは住民投票の争点である．既に述べた通り，日本の地方政府では，憲法第95条や大都市地域特別区設置法という例外を除いて，当然に住民投票が行われるような争点が存在するわけではない．市町村長や地方議員，そして住民も，自らが問題だと考える争点について自由に発議することが可能である．

日本における当初の住民投票は，原発・基地・産業廃棄物処理施設という迷惑施設に関するものであり，その後は市町村合併，そして市庁舎をはじめとした市町村における公共施設の建設が争点となってきた（塩沢 2015, 2016）．このような歴史を踏まえると，住民投票の争点によって地方議会と住民投票の正統性の評価に違いが出ると考えられる．

原発や基地と市町村合併に共通する点として挙げられるのは，ある市町村の中に必ずしも限定されない問題ということである．原発や基地は国レベルの問題と深くかかわっており，その設置には国の意向が強く働く．つまり，地方政府における正統性のみならず，人々はより広域のレベルで設置が望ましいという正統性を意識して判断する可能性がある．市町村合併については，当該市町村のみならず，他の市町村との関係が重要である．もちろんどの市町村と合併するかによって人々の選好は異なる可能性があるが，市町村合併という地域レベルでの重要な決定について，地方議会のみならず住民全体で決めることが望ましいという主張はあり得るだろう．

廃棄物処理や市庁舎の建設は，どちらかと言えば地域の中で閉じた問題である．いずれも多くの人々は一定の必要性を認識している一方で，その負担を好まない可能性がある．そのような問題について，地方議会で決めるのが望ましいのか，住民投票によって決める

のが望ましいのか，人々が異なる認識を持っている可能性はあると言えるだろう．廃棄物処理については生活のためにいずれは必要になるものである一方，人々の決定に委ねると設置を好まないということが十分に考えられるため，選挙で選ばれた代表が決めることが正統性を持つと考えられるかもしれない．それに対して，市庁舎の建設については，近年それが現職に対する挑戦者側の争点になりがちであることからもわかるように，その主要な利用者である地方政治家が決定することを好まないという発想は強いかもしれない．

　　多数派の大きさと投票率　多くの人が賛成あるいは反対の意思を表明している場合，人々はしばしばそれがより妥当なものだと考える．多くの人の意思だからこそ正統性の高い判断であり，地方議会としてもそれを受け入れるべきだという主張は強いものになるだろう．さらに，多くの人々の意思と異なる態度を取ろうとすることに抵抗を感じる人は少なくない．多数派が大きければ，その判断に従うべきであるという感覚が強まると考えられる．

　仮に住民投票と地方議会の判断が異なる場合，住民投票の結果が過半数を僅かに上回る程度であれば，地方議会の判断に従うべきであるという考え方はあり得るだろう．他方で，住民投票が，地方議会の判断を大差で覆すような場合に，地方議会が住民投票の結果を無視して自分たちの意思を実現しようとすると，多くの人々はそのような地方議会の決定が不当なものであると考えるのではないか．つまり，得票率で示される多数派の大きさがより大きくなるにしたがって，人々は地方議会が住民投票の結果を受け入れるべきだと考えると予想できる．

　投票率が低い住民投票の結果は，投票率が高い住民投票の結果と比べて，一般的な意思の結果ではないと見なされる可能性がある．多くの人が参加しない中で得られた結果は，あくまでも一部の人々の意思だと見なされてしまうということである．特に日本における

住民投票では，市町村の人口の2%程度で条例制定の請求ができるので，発議の時点で多くの人々の関心を集めているとは限らない．実際，条例を制定する地方議会の側は，一定の投票率の水準を超えることを住民投票成立の要件として設定することがある．

　他方で，住民投票の投票率自体はそれほど大きな影響を与えない可能性もある．日本の地方政府の選挙ではとりわけ都市部において投票率が非常に低い状態が続いているし，その中で特定のイシューに限定される住民投票のみが投票率を重視されるとは限らない．日本の住民投票の投票率は通常の選挙よりも高い傾向にあるが（塩沢2004, 2009），特に都市部では有権者の50%を動員することは現実的に難しい．また，最低投票率を設定することで，一部の有権者が住民投票への参加を躊躇し投票率が低くなることがある．それにもかかわらず住民投票の正統性を主張する人々は，投票率を重要な考慮要素としないかもしれない．

　また，投票率と得票率は，それぞれ独立した要因としてではなく，合わせて評価されているかもしれない．例えば，反対票が52%でも，投票率が75%のような場合には，非常に関心が高い問題で住民の賛否が拮抗していることを表している．このような問題について，数パーセントの違いで住民投票による意思決定を行うことに躊躇を感じる人もいるだろう．同じ52%の反対でも，投票率が低く，そもそもそれほど関心が強くない場合にはその結果に従うべきだ，という感覚を持つ人がいるかもしれない．交差項を導入することによって，そのような条件付きの反応についても検討することができる．

　誰が発議したか　日本における住民投票でしばしば見られるのは，住民が市町村人口の2%の署名を集めて条例制定の直接請求を行うことである．しかしそれ以外にも，とりわけ市町村合併の住民投票をはじめとして，近年の住民投票においては，市町村長や地方議会

が自らの意思を正統化するために戦略的に住民投票を実施しようとすることがある．住民から見たときに，利害関係の少ない住民発議の住民投票は，地方政治家が発議する住民投票と比べて正統性が高いと感じられる可能性はあるだろう．とはいえ，市町村人口の3分の1以上を必要として，かつ市町村長や議会が発議することができない解職請求のような住民投票と比べると，住民が発議するからといって大きく正統性が高まるかどうかはわからないところもある．

市町村長と議会の発議には，基本的に大きな違いはないと考えられる．もちろん，あるプロジェクトを進めようとした市町村長を選挙で破って新しく当選した市町村長が主導する住民投票は，そうでない場合と比べて広く受け入れられる可能性はあるが，既に述べてきたように，日本の地方政府で条例による住民投票を行うためには，最終的に地方議会の承認が必要となっている．市町村長だけの判断で住民投票を行うのが難しい以上，基本的には両者の違いは少ないとみるべきだろう．

4 分 析

4.1 調査の方法——ヴィネット実験

上記の議論を検証するために，本章ではオンライン調査を通じたヴィネット実験を行う（秦・Song 2020）．ヴィネット実験とは，オンライン上で回答者に対してランダムに仮想の状況を示して，その状況について評価を求めることで，ランダムに示した仮想の状況を構成する要因の効果を検討するものである．本章の場合は，前節で挙げた住民投票の争点，多数派の大きさ，投票率，そして誰が発議したかという要因（attribute）について，それぞれの水準（level）をランダムに示すことで，水準の変化がどのような効果を持つか検

<1／6回目>
お住まいの市町村で、**隣の自治体との合併**をテーマに、条例に基づいて住民投票が行われました。
この住民投票は、**市長提案**をもとに行われ、投票率は**45%**でした。
賛成か反対かを問う投票の結果、棄権を除いて反対が**61%**でした。

条例に基づく住民投票に法的拘束力はありません。
あなたはこの住民投票後に地方議会が**隣の自治体との合併**を進めることにどの程度同意できますか？

○ 同意できる

○ やや同意できる

○ あまり同意できない

○ 同意できない

図 5-2　実験で提示したヴィネット

証するものである.

　具体的には，オンライン調査において，回答者に対して図 5-2 のようなヴィネット（vignette）を示す．そのうえで，示されたような住民投票の結果に対して地方議会が自らの意思を通すことに同意できるかどうかについて，「同意できる」「やや同意できる」「あまり同意できない」「同意できない」の 4 点尺度で選択を求める．分析においては，「同意できる」と「同意できない」という 2 値としたうえで，これを目的変数とした最小二乗法で推定することによって各水準の平均因果効果（Average Marginal Component Effect: AMCE）を推定するものである（Hainmueller, Hopkins and Yamamoto 2014）.

　要因として設定しているものは，住民投票の争点として「隣の自治体との合併」「自衛隊基地の設置」「ごみ処理施設の設置」「市庁舎の建設」，反対の得票率として「52%」「61%」「70%」，投票率として「30%」「45%」「60%」「75%」，そして提案者について「住民の直接請求」「市長提案」「議員提案」となっている．これらの水準

がランダムに表示されて，それぞれの水準において，地方議会が住民投票の正統性を無視してその意思を実現しようとすることに「同意できる」かどうかを分析することになる．なお，このようなヴィネットが5回提示された後，6回目のヴィネットには全ての回答者に共通するチェック質問を用意した．これは，争点として「ごみ処理施設の設置」，提案者について「議員提案」，投票率として「30%」，得票率として「43%」を提示している．得票率が43%であるということは，住民投票の結果が地方議会の意思を認めていることになるが，それであってもどの程度地方議会の決定に「同意できない」かを測定することで，地方議会が重要な決定をしようとするときに，元々それがどの程度支持されているか・されていないかについて測定することを試みている．

4.2 サンプル全体の分析

オンライン調査は，2021年2月25日から，楽天インサイト株式会社に登録されているモニターを利用するかたちで行い，3421の回答を得た．18歳から80歳までの日本に住む人々を対象に，性別・年代という属性を全国の比率に合わせるかたちで回答者の割り付けを行っている．

初めにサンプル全体について，説明変数の効果を確認したものが図5-3である．すでに述べたように，最小二乗法で推定し，回答者ごとにクラスター化された標準誤差によって評価した．図には点推定値と95%信頼区間を示している．ここでは回答者のアテンション・チェック（きちんと質問を見ているかどうかを確認するための質問）に漏れた回答者（サティスファイサー Satisficer）を除いたサンプルについて分析している．

まずは住民投票の争点の効果を確認する．参照カテゴリーは「市庁舎の建設」であるが，それ以外の「ごみ処理施設の設置」「隣の

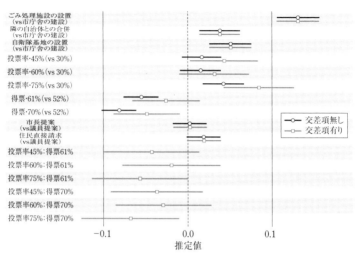

図5-3 サンプル全体の分析

注：係数と信頼区間については，章末の表5-1に記載している.

「自治体との合併」「自衛隊基地の設置」はいずれも有意な正の効果（地方議会がプロジェクトを進めることに同意する確率を高める効果，以下同じ）が観察される．これは，交差項の有無にかかわらず同様の効果が見られている．とりわけその効果が強いのがごみ処理施設の設置であり，市庁舎の建設と比べて10% 程度議会の決定が認められやすい．このような違いが生まれるのは，市庁舎建設よりもごみ処理施設の方が住民の生活に密接にかかわり必要性が高いと評価されているからだろう．合併や基地といった広域に関わる問題は，市庁舎の建設よりも議会の決定が認められやすいが，ごみ処理施設の設置ほどではない．

　次に投票率の効果を見ると，それほど大きな効果は見られないが，投票率 75% で有意な正の効果がみられる．仮説としては，投票率が高まると住民投票の正統性が高まる，つまり地方議会が住民投票

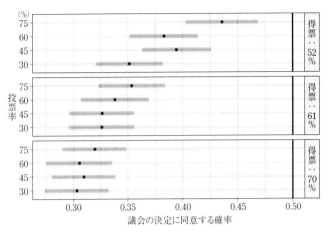

図 5-4 投票率・得票率の推定周辺平均

を無視するような決定は見られなくなると想定していたが，それとは逆の効果が観察されたことになる．他方，多数派の大きさが強い負の効果をもたらすことは予想どおりであった．僅差の過半数である 52% と比べて，得票率が 61%，70% と大きくなると住民投票の正統性が高まり，地方議会が独自の決定を行うことは認められにくくなる．

　交差項を加えた結果を見ると，投票率が大きくなる時に，議会の決定を容認する確率がより高くなっているが，交差項の係数がいずれも負であることから得票が 52% のときにそのような傾向を持つということを意味している．得票率が 61% あるいは 70% のときは，むしろ投票率が高くなると議会が住民投票を無視することを認めなくなる傾向にある．この点について，他の条件は一定として，得票率と投票率を変化させたときに，どの程度同意できると回答されているかを確認したのが図 5-4 である．これを見ると，得票率が 61% や 70% のときは投票率による違いがほとんどないものの，得

票率が 52% のときは，投票率が高いと議会の決定に同意する傾向が強くなる．これは，住民が関心を持ち激しい対立があるような争点において，住民投票だけに委ねることを忌避する感覚を示していると考えられるだろう．

最後に，提案者による違いについて確認すると，この変数の効果はほとんど見られなかった．住民の直接請求は，負の効果があるというよりも正の効果が観察されており，ここからはむしろ議員の提案のもとで議会と異なる結論が得られたときにはそれに従うべき，といったような志向が観察できる．

4.3　地方議会への正統性評価と住民投票

次に，全ての回答者に対して共通した 6 つ目の質問，争点に「ごみ処理施設の設置」，提案者について「議員提案」，投票率として「30%」，反対の得票率として「43%」を提示したものについて検討する．これは，敢えて地方議会と住民投票の多数派で同方向の判断がなされている仮想の住民投票について質問し，そのうえで本来地方議会として認められる余地の大きいと考えられる判断について肯定・否定を見たものである [6]．肯定するグループと否定するグループの違いは図 5-5 と図 5-6 に示されている．

両者には明らかな違いがみられる．まず，上記のような設定で地方議会の決定に正統性を認める人々は，全体的に住民投票の結果にかかわらず地方議会の決定を容認する傾向がある．その傾向はとり

---

6)　本調査のプレテストの段階では，地方政府が独立して決める可能性が高い争点として「市庁舎の建設」を使っていた．しかしプレテストを通じて，ここまでの分析でも見てきたように，誰が決めるかどうかに関わらず，市庁舎の建設というプロジェクト自体への批判や忌避が大きい可能性があることを発見し，同じように相対的に自律性が高く受け入れやすいと考えられる「ごみ処理施設の設置」を争点として選定しなおした．

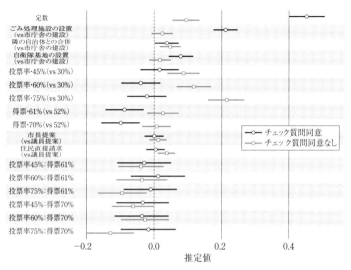

図 5-5　地方議会の決定を認めるかによる違い

注：係数と信頼区間については，章末の表 5-2 に記載している.

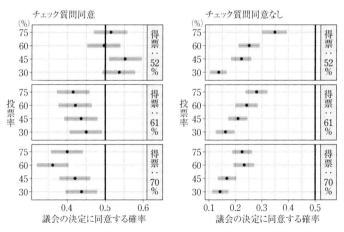

図 5-6　チェック質問への回答と投票率・得票率の推定周辺平均

わけごみ処理施設の設置において強いが，これはもともとチェック質問に用いた固定的な争点がごみ処理施設の設置であったことも影響していると考えられる．また，他の項目については，全体の傾向とは異なって，投票率が高いときに地方議会の決定を容認しにくくなるところが注目される．交差項の効果もほとんど見られず，多数派が大きいときに地方議会よりも住民投票の正統性が高いと判断しやすくなっており，投票率・得票率が共に低いときには議会の判断を尊重するという志向も強い．基本的には地方議会の正統性を認めつつも，住民投票の性格によっては住民投票の正統性を重視するという選択的な傾向があると考えられる．

それとは反対に，チェック質問において地方議会の決定に同意しない人々は，そもそも地方議会の正統性を認める傾向が弱く，説明変数の効果もそれほど大きくない．その中で注目されるのは，投票率が高いときに住民投票の正統性がむしろ弱まっていることである．全体の傾向と同様に，特に得票率52％という住民の判断が割れているような場合で投票率が高いと，このグループであっても議会の決定に同意する傾向が強くなっている．いわば，議会の判断にあらかじめ強い正統性を認めるわけではないが，住民の間で意見が割れているような状況において議会の判断を尊重しようという傾向を見ることができる．

4.4 争点ごとの違い

最後に，住民投票の争点によって，議会の決定を尊重する度合いがどのように変化するかを検討した．図5-7は，サンプル全体を利用して，住民投票の争点ごとに交差項を含めたモデルで投票率・得票率の推定周辺平均を算出したものである．これまでと同様に，得票が52％で投票率が75％というケースでは議会の決定を尊重する傾向が見られている．全体的に市庁舎の建設については投票率・得

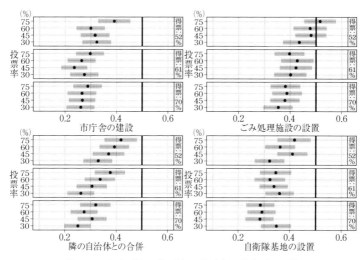

図 5-7 争点ごとの投票率・得票率の推定周辺平均

票率に限らず住民投票を尊重する傾向が強く，ごみ処理施設の設置については反対に議会の判断に同意する傾向が見られる．合併と基地の設置は中間的だが，基地では投票率・得票率が共に高くなると住民投票を尊重する傾向にある一方で，合併では得票率が高くても，投票率が高いときに議会の判断に委ねることを認める意見も見られる．これは，合併においてより「高度な政治的判断」があり得ることを示唆しているともいえるだろう．このような傾向は，チェック質問に同意していないグループでより顕著なものになる（図5-8）．

　チェック質問で同意した人のみのサンプルを確認すると（図5-9），まず顕著にごみ処理施設の設置について議会の決定を尊重する傾向がある．これは，この争点についてそもそも住民投票よりも議会の決定が重要であると考えていると思われる．自衛隊基地の設置については，地方議会の決定が認められやすいが，高い投票率と得票率が示された住民投票の結果は尊重されるべきという理解があると推

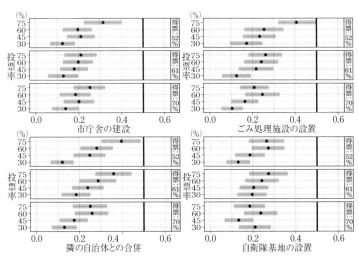

図 5-8 争点ごとの投票率・得票率の推定周辺平均（チェック質問同意なし）

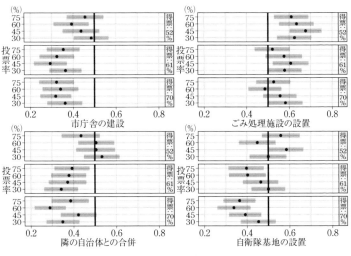

図 5-9 争点ごとの投票率・得票率の推定周辺平均（チェック質問同意あり）

測される．市庁舎の建設と合併については，得票率が比較的高い場合（61％ と 70％）のときに，投票率に関わらず住民投票で示された意思を重視すべきであるとする傾向が見られるが，市庁舎の建設の方が合併よりその傾向が顕著である．

得られた知見

　本章では，地方議会の決定と異なる判断を下す可能性がある住民投票について，オンライン調査を通じたヴィネット実験によって，人々が持つ正統性の認識を浮き彫りにすることを試みた．本章の分析からは，住民投票の争点が，その正統性の認識とかかわっていることが示唆される．市庁舎の建設のように，地方政府としての決定が必要で，代表である政治家自身も利害関係者になるような争点について，住民投票の決定を地方議会が乗り越えようとすることに正統性を得ることは難しい．つまり，このような争点の場合，住民投票を通じて決めることが重要視されていると考えられる．他方で，ごみ処理施設の設置のように，地方政府として必要で，時に住民エゴのようなものが表出しがちな決定については，住民投票ではなく地方議会が意思決定を行うことに一定の正統性が認められている．地方政府の合併や自衛隊基地の設置のように，本書で議論してきた国や他の地方政府とかかわる決定については，中間的な位置づけにあると考えられる．これらについては，人々の間に，住民投票を通じて地域の意思を表明することが重要だとしても，それだけで決めることが難しいという認識が潜んでいると推測できる．

　多数派の大きさが重要である，というのは予想されたとおりであり，基本的に多数派が大きい場合に地方議会が住民投票の結果を覆すことについては容認されにくい．他方，予想に反して必ずしも投票率が高いことは住民投票の正統性を高める結果にはなっていない．

特に，賛否が拮抗しているような争点で投票率が高いことは，却って住民投票のみで決めることへの躊躇をもたらす可能性がある．

また，そもそも基本的に議会の正統性を尊重するかどうかという態度が住民投票への理解に違いをもたらす可能性も指摘できる．地方議会の決定に正統性を認める人々は，全体的に住民投票の結果にかかわらず地方議会の決定を容認し，投票率・得票率が高い住民投票であれば尊重するという傾向が見られる．それに対して，地方議会の決定に同意しない人々は，住民投票を基本的に尊重しながら議会を戦略的・道具的に使う傾向があると考えられる．つまり，投票率が低く賛否が拮抗しているような住民投票の場合には地方議会による決定を容認しうるのである．

本章の分析からは，必ずしも住民投票が地域の最終的な意思決定手段と見なされておらず，条件によって地方議会の決定が正統性をもつと考えられることが示唆されている．地方議会と住民投票についての異なる理解が混在していることは，地域としての最終的な決定がどのように行われるべきかについて，必ずしも統一した理解が存在していないことを意味すると言える．結果として，住民投票が地域の意思の統合をもたらすわけではなく，分裂した意思決定のひとつになると考えられるのである．

表 5-1　サンプル全体の分析

	交差項なし	交差項あり
（定数）	0.31*	0.29*
	(0.28; 0.34)	(0.25; 0.33)
ごみ処理施設の設置（vs 市庁舎の建設）	0.13*	0.13*
	(0.11; 0.16)	(0.11; 0.16)
隣の自治体との合併（vs 市庁舎の建設）	0.04*	0.04*
	(0.01; 0.06)	(0.01; 0.06)
自衛隊基地の設置（vs 市庁舎の建設）	0.05*	0.05*
	(0.03; 0.08)	(0.03; 0.08)
投票率・45%（vs 30%）	0.02	0.04*
	(−0.01; 0.04)	(0.00; 0.08)
投票率・60%（vs 30%）	0.02	0.03
	(−0.01; 0.04)	(−0.01; 0.07)
投票率・75%（vs 30%）	0.04*	0.08*
	(0.02; 0.07)	(0.04; 0.13)
得票・61%（vs 52%）	−0.06*	−0.03
	(−0.08; −0.03)	(−0.07; 0.01)
得票・70%（vs 52%）	−0.08*	−0.05*
	(−0.10; −0.06)	(−0.09; −0.01)
市長提案（vs 議員提案）	0.00	0.00
	(−0.02; 0.02)	(−0.02; 0.02)
住民直接請求（vs 議員提案）	0.02	0.02
	(−0.00; 0.04)	(−0.00; 0.04)
投票率 45%：得票 61%		−0.04
		(−0.10; 0.01)
投票率 60%：得票 61%		−0.02
		(−0.08; 0.04)
投票率 75%：得票 61%		−0.06
		(−011; 0.00)
投票率 45%：得票 70%		−0.04
		(−0.09; 0.02)
投票率 60%：得票 70%		−0.03
		(−0.09; 0.03)
投票率 75%：得票 70%		−0.07*
		(−0.13; −0.01)
サンプルサイズ	12880	12880
自由度調整済み決定係数	0.02	0.02
平均二乗偏差	0.47	0.47
クラスター数	2576	2576

注：下段カッコ内は 95% 信頼区間の下限と上限.

表 5-2　地方議会の決定を認めるかによる違い

	チェック質問 同意	チェック質問 同意なし
(定数)	0.45*	0.10*
	(0.40; 0.51)	(0.06; 0.13)
ごみ処理施設の設置（vs 市庁舎の建設）	0.21*	0.02
	(0.18; 0.25)	(−0.01; 0.06)
隣の自治体との合併（vs 市庁舎の建設）	0.04*	0.05*
	(0.00; 0.07)	(0.02; 0.08)
自衛隊基地の設置（vs 市庁舎の建設）	0.08*	0.02
	(0.04; 0.12)	(−0.01; 0.05)
投票率・45%（vs 30%）	0.02	0.09*
	(−0.04; 0.07)	(0.04; 0.13)
投票率・60%（vs 30%）	−0.04	0.12*
	(−0.10; 0.02)	(0.07; 0.17)
投票率・75%（vs 30%）	−0.02	0.21*
	(−0.08; 0.04)	(0.16; 0.27)
得票・61%（vs 52%）	−0.09*	0.03
	(−0.14; −0.03)	(−0.02; 0.07)
得票・70%（vs 52%）	−0.10*	0.01
	(−0.16; −0.04)	(−0.04; 0.05)
市長提案（vs 議員提案）	0.00	0.01
	(−0.03; 0.03)	(−0.01; 0.04)
住民直接請求（vs 議員提案）	0.00	0.04*
	(−0.02; 0.03)	(0.01; 0.06)
投票率 45%：得票 61%	−0.03	−0.04
	(−0.11; 0.05)	(−0.11; 0.03)
投票率 60%：得票 61%	0.01	−0.04
	(−0.07; 0.09)	(−0.11; 0.04)
投票率 75%：得票 61%	−0.01	−0.09*
	(−0.09; 0.07)	(−0.17; −0.02)
投票率 45%：得票 70%	−0.03	−0.06
	(−0.11; 0.04)	(−0.12; 0.00)
投票率 60%：得票 70%	−0.04	−0.03
	(−0.12; 0.04)	(−0.10; 0.04)
投票率 75%：得票 70%	−0.02	−0.13*
	(−0.10; 0.07)	(−0.20; −0.06)
サンプルサイズ	6945	5935
自由度調整済み決定係数	0.04	0.02
平均二乗偏差	0.49	0.41
クラスター数	1389	1187

注：下段カッコ内は 95% 信頼区間の下限と上限.

第 6 章

領域を再編する民意
平成の大合併

はじめに

　日本で 2000 年代に実施された大規模な地方政府の再編である平成の大合併では，市町村の合併を推進する立場をとる国のもとで，小規模な町村の数が減少し，市を中心としたより大きな地方政府への統合が進められた（山崎 2003）．1990 年代に本格化した地方分権改革による地方政府の機能拡大への要請を背景に，規模を拡大して行政能力の向上を進めることで，市町村が分権の「受け皿」となることが求められたのである．しかしながら，国が定めた合併をそのまま市町村に押し付けるのは困難であり，国は合併することによる「アメ」（合併特例債など）と「ムチ」（交付金の削減）を示すものの，合併するかどうかは最終的に個々の市町村の判断に委ねるかたちで進められてきた．

　個々の市町村が合併に参加する理由としては，人口減少のために合併しないと厳しい条件におかれる市町村が財政的なメリットを求めて合併するというものがある．国が「アメ」と「ムチ」を示すのはまさにこのような財政的なメリットを提示するものであり，実証的にもそのような市町村が合併を志向する傾向が確認されている（広田 2007）．他方で，合併は複数の市町村が関わるものであるから，個々の市町村だけで決めることができるわけではない．合併する市町村の組み合わせに注目した研究では，合併交渉においてリーダーとなるべき突出した市が存在することが合併の実現を促すことも指摘されている（城戸・中村 2008）．少なくとも，合併によって厳しい

条件を緩和できると考える地方政府と，リーダーとして周囲に対して責任を負うことになる地方政府では，合併に対して異なる立場で臨むことになるだろう（中澤・宮下 2016）．

　合併について考えるとき，市町村の長や議会を，合併という領域を再編する意思決定の主体としてとらえて，どのような市町村が合併を行うか，言い換えれば合併を迫られるかについて注目されることが多い．しかし，平成の大合併を考えるときに見逃せないのは，意思決定主体としての住民である．合併はしばしば長や議会の選挙におけるもっとも重要な争点となっただけでなく，合併に対して賛成にせよ反対にせよ，長や議会・議員が住民による批判を受けて解職請求の対象となることも少なくなかった．前章でも指摘したように，特に平成の大合併のときには解職請求の件数が極めて大きくなっていることは，合併が地域における重要な争点になっていることを示している．それに加えて，合併をめぐる住民投票が，本章で取り上げるように多様なかたちで実施され，そこで示された分裂した意思決定をいかに解釈するかということ自体も重要な争点となったのである．

　以下本章で述べていくように，平成の大合併では，住民が合併に向けた発議を行うことが認められていたほか，多くの市町村で条例に基づいて合併するべきかどうかを住民に問う住民投票が行われた．このような住民投票がどのような効果を持ちえたのかについて，まず合併における住民投票の意義を整理し，住民が合併を発議するイニシアティブと，長や議会の提案について投票するレファレンダムに大別する．そのうえで，イニシアティブである合併協議会設立のための住民投票と，レファレンダムとしての性格が強い賛否を問う住民投票，そしてそのどちらとも異なる合併の枠組みを住民に問うタイプの住民投票のそれぞれについて，投票結果とそれが最終的な合併の可否とどのように結びついているかを検討する．

1 平成の大合併における住民投票の位置づけ

1.1 財政的な不利と地方議員の反対

　市町村合併を推進するにあたって，最も大きな難点とみなされていたのは，合併によってそれまで存続してきた小規模な市町村が非常に不利な立場に置かれること，そしてとりわけそのような市町村を代表する地方議員による反対であった．小規模な市町村が周辺と合併しても，全体の人口がそれほど増えるわけではないために，合併による財政の改善効果は小さい．そのために，合併後，以前の小規模な市町村に対して十分な配慮がなされるとは限らない．小規模な市町村からみれば，それまでに受けてきた財政的な優遇が奪われる上に，地域を代表する議員の数も減らされて，合併で実現した新たな地方政府での意思決定に関与するのが難しくなり，衰退の度合いが激しくなることが懸念された．

　このような懸念に対応して導入されたのが，地方交付税の合併算定替という制度である．この特例は，合併後 10 年間は従来の地方政府が存続したものとみなして地方交付税を計算し，その後 5 年間かけてそれを漸進的に縮減させるものである[1]．合併すれば新たな地方政府としてその人口や面積に応じた地方交付税しか受け取ることができないが，合併せずに存続していれば，地方交付税のさまざまな補正によってそれよりも多くの交付金を受け取ることができる．この特例によって，本来ならば受け取ることができないはずの国からの交付金をいわば手土産として合併することが可能になり，また合併後の地方政府に対しても，それまでの小規模な地方政府を構成

---

[1] 合併特例法の期限切れ以降の合併については，10 年とされていた期間が段階的に縮減されつつも，制度は維持されている．

していた地域に対して一定の配慮がなされることが期待されたのである．そのように，国は合併しても少なくともしばらくの間はそれまでと同様の交付金を保障しつつ，他方で合併しなければ交付金が先細りになるという不安を与え，多くの小規模な町村が合併に導かれたのは，先行研究が示してきたとおりである[2]．

　合併の促進策としては，地方政府全体に対して財政的な保障を行うだけではなく，それを決める地方議員に対しても優遇措置ともいえる制度が導入されていた．市町村議会の議員は，市町村を選挙区として選出されるが，単記非移譲式投票による選挙制度であるために，実際にはより限定された地域を代表する性格が強く，同じ議員が長く務めることが多い．合併を推進するにあたっては，多くの現職地方議員が容易に再選を続けることが可能であるという選挙制度のもとで，地方議員が自分たちの立場を守ろうとして市町村合併に反対することが予想され，そのための対策が意識されていたのである．

　そのような制度として導入されていたのが，合併における議員の在任特例と定数特例である．前者は，合併によって選挙が行われるところ，特例によって2年以内（新設合併）あるいは議員の残任期間（編入合併）の在任を認めるというものであり，後者は新しい市町村議会議員を選ぶ選挙において，特例的に議員定数の拡大を認めるものである[3]．本来であれば，合併によってその職を失うであろう議員であっても，これらの特例によって数年間は議員としての職

---

[2]　地方交付税交付金の先細りという点に関しては，地方財政ショックとも呼ばれた2004年の地方交付税（とりわけ臨時財政対策債）の削減が，多くの小規模町村を合併に向かわせたことが指摘されている（たとえば町田2006）．

[3]　新設合併の場合は，設置選挙において法定定数の2倍以内の定数が認められる．編入合併の場合は，元の地方政府の領域を特例的に選挙区として増員選挙を行うことが認められる．

を続けることができることになる．これらの特例が，どの程度市町村の選択に影響したかを検討した広田啓朗と湯之上英雄は，選挙によらずに議席を維持することができる在任特例が多くの市町村で採用されており[4]，しかも小規模な町村による採用が多かったことを示している（Hirota and Yunoue 2014）．大規模な合併が行われ，リーダーになるような地方政府が強いと，その影響力を弱める在任特例は採用されにくいと考えられるが，地方議員にとっては職の維持がやはり一定の重要性を持っており，それが可能な状況ではできるだけ追求されるということを意味していると考えられる[5]．

このように，市町村レベルでの財政的な保障を行い，さらに地方議員に対しても一定期間の身分保障と呼べるような措置が行われてきたが，そこまでしても合併をスムーズに進めることは難しい．そこで，平成の大合併では，合併した市町村への支援としての合併特例債の発行や，合併がなければ地方議員の退職年金の在職期間（12年以上）の要件を満たすこととなる議員について年金受給資格を認めるなどの措置が追加されている．このような措置からは，意思決定にかかわる地方議員を何とかして動かそうとする国の意思が見て取れるだろう．

1.2 多様な住民投票

前項で述べたように，基本的に小規模な市町村とその意思決定に

---

4) 分析対象となった 549 の地方政府のうち 313 である．
5) ただし，在任特例もあまりに度を超えると問題になることがある．2003年に 4 町 2 村の合併によって設立された山梨県南アルプス市では，法定定数の上限が 28 人のところ，在任特例によって 95 人もの議員を擁することになり，住民の激しい批判を浴びた．そのため，最終的には在任特例によって許された期間を全うすることなく，議会が自主解散に追い込まれている．また，在任特例の採用が年々減少していることをもって，議員の在任特例に対する批判が強まっていることも指摘されている（今井 2008）．

携わる地方議員は，合併に対して否定的な立場をとることが予想されていた．そこで，やや異なる方法でその意思決定に影響を与えようとする手段として導入されたのが，合併特例法における住民発議制度である．住民発議制度とは，有権者の 50 分の 1 以上の署名をもって，法定の合併協議会の設立を要求する制度である．これが設立されたからといってすぐに合併が決まるわけではないが，任意で設置される合併協議会よりも踏み込んだ議論が期待され，合併に向けた重要な一歩となる．この請求を受けた市町村長は住民発議を議会に付議し，可決された場合に合併協議会が設置されることになる．この住民発議制度のもとでは，合併の相手と見込まれる市町村の議会が合併協議会の設置を可決しているにもかかわらず[6]，請求が行われた市町村の議会が設置を否決したときは，市町村長が合併協議会の設立を住民投票に付することが可能とされている．そして，もし市町村長が住民投票に付さない場合には，有権者の 6 分の 1 以上の署名をもって住民投票を行うように請求することができることとされた．なお，このように法律で手続きを定められた住民投票は，この合併特例法によるものが初めてであった[7]．

　総務省によれば，1999 年 4 月から 2006 年 3 月までの間に住民発

---

6) 1 つの市町村での単独請求の場合，合併に参加することを求められた地方政府で，市町村長が議会への付議を行わなかったり，議会によって合併協議会の設置が否決されたりすると，その手続きは終了となる．複数の市町村による同一請求であれば，複数の市町村で否決されても，それぞれで 6 分の 1 以上の署名を集めれば住民投票を行うように請求できる．

7) このほかに法律で規定される住民投票は，「一の地方公共団体のみに適用される特別法は，法律の定めるところにより，その地方公共団体の住民の投票においてその過半数の同意を得なければ，国会は，これを制定することができない」とする憲法第 95 条の規定に沿って行われる住民投票と，2012 年に制定された大都市地域特別区設置法に基づく住民投票のみである．

議が行われた件数は 385 件であり，このうち関係する全ての地方議会で付議が認められ，合併協議会が設立されたのは 57 件にとどまっている．合併協議会が作られなかったもののうち，155 件は請求された市町村長以外の，合併協議会に参加することを求められた市町村長がその議会に付議しなかったことによるものであり，173 件は付議を受けた議会によって否決されている．このうち 66 件については，直接請求を行った市町村において，6 分の 1 以上の有権者の署名が集まり住民投票が行われることになったが，38 件は反対多数であり，28 件が合併協議会の設立につながった．このような手続きで設立された 85（57＋28）の合併協議会のうち，35 件の合併が行われている（総務省 2010: 18）．

　当初市町村合併を促進する手段として設定された住民発議制度は上記のようなものだったが，平成の大合併が進んでいくにつれて，別の住民投票制度が追加されていく．それが条例による住民投票である．条例による住民投票は，国が作る法律で規定されているものではなく，文字通り，地方議会が制定した条例に基づいて住民投票を実施するものである．条例制定のための住民による直接請求をもとに住民投票条例が策定されることもあれば，長や議会が主導して策定されることもあった．いずれにしても，議会によって条例が制定されることが前提となり，そのうえで住民の意向が問われることになっている．

　条例による住民投票の場合，同じ住民投票であっても合併協議会設立のための住民投票とは異なる効果を持つことがある．すなわち，合併協議会設立であれば合併を進めることを目的として直接請求が行われ，その是非を問うものになるが，条例による住民投票の場合には合併を阻止する目的で直接請求が行われ，合併に対する住民の拒否権を行使しようとするものもありうるのである．それに加えて，合併についての検討がそれほど進んでいない段階において，どの市

町村との合併を進めるべきかという枠組みについて住民に問うかたちの住民投票もしばしば行われた．

　本章で利用する，総務省が 2006 年に行った調査によれば，1999年 4 月 1 日から 2006 年 3 月 31 日までの間に，条例に基づく住民投票が行われた市町村の数は 352 であり，そのうち合併の是非を問うものが 305，枠組みを問うものが 47 とされている[8]．さらに 305の是非を問う投票のうち，賛成多数となった市町村が 175，反対多数となった市町村が 120 あるという．残りの 10 市町村については，あらかじめ開票の条件として設定された投票率に満たなかったなどの理由で未開票となっている（総務省 2010: 18）．注意すべきは，賛成多数となった 175 の市町村で，全て合併が行われたわけではないということである．この中には，住民投票によって賛成とされたにもかかわらず，関係する市町村で行われた住民投票の結果が反対ということで合併が進められなかった事例は少なくない．さらに，少数ではあるが，議会が廃置分合案に対して最終的に反対の意思を譲らずに合併が否決された事例もある．

　このような住民投票の結果について検討を加えた研究は多いとは言えない．武田真一郎が 2004 年 8 月までの住民投票について整理し，一般に住民投票で出された結論に従ったかたちで意思決定が行われている傾向を示しているほか（武田 2004），個別の事例研究でも基本的には住民投票で出された意向に沿って意思決定が行われることが示されている[9]．今井照は，合併協議会設立の住民投票と条例による住民投票を分けた類型別の分析を行っているが（今井

8）　後述するように，本章では総務省の分類についてそのまま従うものではないが，ここでは総務省による数字を示している．

9）　特に合併に対して住民の反対の意向が示されることが，地域における自主決定権のあらわれとして評価されるべきという見解は少なくない（たとえば照屋 2005）．

2008），いくつかの論点の整理と，合併協議会設立の住民投票が，合併賛成側の住民からしか提起できないことについての批判にとどまっている．

　例外的に，住民投票を体系的に分析した研究として，平成の大合併における 308 の住民投票での賛成率を分析した宮崎毅の研究がある（Miyazaki 2014）．この分析では，将来における地方政府運営のコストが高くなると予想される小規模市町村や，合併によってリーダーシップを握ることができる比較的規模の大きい市で住民が賛成に回るという指摘がなされている．これは，地方政府レベルの意思決定に焦点を当ててリーダーとなる地方政府の重要性を指摘した研究（城戸・中村 2008; 中澤・宮下 2016）の結論に近いものであると評価できるだろう．住民投票の結果を利用することで，合併した（1）／合併していない（0）という 2 値変数で評価される市町村レベルの分析とは異なって，住民がどの程度合併を望んでいるかをより多様な形で分析することができる．しかし，あくまでも住民が合併を望む程度として住民投票の結果を分析しているために，合併協議会設立の住民投票と条例による住民投票を区別しておらず，住民投票自体が合併にどのような効果を持っていたのかを答えるものとは異なっていると考えられる．

2 ┃ 住民投票の分析

2.1 イニシアティブとレファレンダム

　平成の大合併における住民投票は，合併協議会設立の住民投票がイニシアティブ，条例による住民投票がレファレンダムと呼ばれる住民投票に対応していると考えられる．イニシアティブとは，住民が自ら提案する条例の制定などについて直接請求を行い投票に付す

ものである．合併特例法では，「関係する市町村と合併協議会を設立する」という内容についての限定を前提として住民が直接請求を行い，関係する市町村が賛成しているにもかかわらずその地方議会が反対した場合に住民投票が行われるという手続きになっており，まさに住民によるイニシアティブを念頭に置いているものであると考えられる．

　イニシアティブは，基本的に意思決定の初期の段階に行われるために，住民投票が決定そのものにつながるわけではない[10]．しかも，合併特例法が想定しているケースのような場合には，意思決定に大きな影響力を持つ地方議会が反対していることが前提となって住民投票が行われることになる．実際，すでに述べたように，行われた住民発議のうち半数が議会によって否決されている．仮にそのような否決を経たうえで実施された住民投票で賛成多数を獲得し，それが議会の決定として読み替えられたとしても，もともとその合併を好まない議会が積極的に合併交渉を進めることは期待しにくい．イニシアティブによって特定の行動を定められたとしても，積極的にその行動を行うかは，長や議員などの政治家に委ねられているのである．

　レファレンダムは，イニシアティブに比べて多様でありうる．平成の大合併における条例による住民投票は，住民からの直接請求に基づくものや，選挙で公約した長が主導して条例制定にこぎつけたものも少なくはないが，どのようなタイミングで住民に意思を問うかということを地方議会が最終的に判断することができる．極端な

---

10)　実際の合併特例法による住民発議の中には，既に別の枠組みによる法定協議会が存在する中で行われたものも少なくない（塩沢 2019）．塩沢健一が指摘するように，合併プロセスという意味では，必ずしも初期の段階ではなく，既に始まっているプロセスに反対する住民の打開策として利用された面もある．

例でいえば，2005 年 3 月に行われた青森県浪岡町の住民投票のように，地方議会が住民からの直接請求を否決し，総務省が青森市との合併を官報に告示した後に実施するようにしてしまえば，たとえ大差で合併賛成側が敗れるような状況であったとしても合併に持ち込むことも可能になる[11]．

議会における条例の可決がない限りは住民投票を実施できないことを踏まえて，なぜ議会が住民投票を認めるかということを考えると，住民投票で示された民意を受け入れることができる余地があることを推測できる．浪岡町の例が示すように，どんなに住民が反対していても議会が最終的に認める限りは合併が可能なため，地方議会が真に合併を志向しているとすれば，条例による住民投票をなしで済まそうとすると考えられるからである．議会が合併に反対して現状維持を追求する場合は，なおさら住民投票での異論を受け付ける余地は少なくなるだろう．仮に，住民の直接請求や長の請求，議会少数派の請求などによってレファレンダムが可能になるとすれば，長が住民投票の提起を示唆して議会多数派を動かす手段として用いたり（Tridimas 2007），少数派が多数派と交渉するための手段として用いたりする（Hug and Tsebelis 2002）可能性が指摘できるが，基本的に議会の議決を経なくてはならない以上，合併に対する議会の選好が強く反映されると考えることができるのである[12]．

---

11) 浪岡町では，住民からの直接請求によるものも含めて，住民投票の議案が 5 回否決されており，この間に合併を推進する町長が別の直接請求によって解職されて，その後の町長選挙で合併反対派の町長が当選した．最終的にこの町長が専決処分で住民投票の実施を決定し，合併賛成 1097 票に対して反対が 6845 票に上ったが，その 3 か月以上前に青森市との合併が告示されており，住民投票が実施された 2005 年 3 月 27 日の 5 日後の 4 月 1 日に青森市との合併が行われた．

12) この点でも浪岡町の住民投票は極端な事例を提供している．前町長の解職後に当選した町長は，議会の議決によらず専決処分によって住民投票を

このような議論を踏まえて，以下では合併協議会設立の住民投票と条例による住民投票を分けたうえで，それらの住民投票がどのような地方政府によって実施されたのか，そして住民投票と実際に合併するかどうかの意思決定がどのようにリンクしているのかを検討する．本章では，そのためのデータとして，前節でも触れた，総務省が2006年に都道府県を対象として行った住民投票の調査を用いる．このデータは，1999年4月1日から2006年3月31日までに行われた407の住民投票（66の合併協議会設立の住民投票と341の条例による住民投票）に限定されるが[13]，第5章でも言及した総務省の別の調査によれば2010年10月までに行われた合併に関係する住民投票は全部で445件であるとされ[14]，その多くを網羅していると考えられる．次に，この341件の条例による住民投票は，合併の賛否を問うものと，枠組みを問うものに分けられる．合併の賛否を問うということは，基本的にすでに枠組みが定まったものについて住民の意思を問うということになり，比較的交渉が進んだ段階における住民投票となりやすい．このような住民投票は全部で279件となっている．他方，枠組みについて問う場合は，必ずしも

実施した．これは，合併をめぐる議論について定められた手続きから逸脱したものであるといえる．

13)　すでに述べたように，総務省はこの間の条例による住民投票として352件を数えている．しかし，この中には，ダブルカウントが1件あるほか，小学校5年生から高校3年生までを投票者とした北海道奈井江町の住民投票，競艇事業の存続と合併をまとめて尋ねた群馬県笠懸町，合併に関わる町長の解職請求の住民投票がカウントされている長野県真田町，合併の賛否と枠組みを同時に尋ねた群馬県吉井町，高知県中土佐町，高知県大野見村の事例と，選択肢を賛否にも枠組みにも分類できない岐阜県美濃市と広島県府中町，枠組みを設定せずに賛否を尋ねた長野県平谷村と奈良県山添村の計10事例を除いたため，341件となった．

14)　総務省ウェブサイト https://www.soumu.go.jp/main_content/000087297.pdf による．

明確な交渉相手がいない初期の段階で住民投票が行われやすいと考えられる．合併の具体的な提案というよりは，これから進めるにあたってどこを選ぶかの調査という性格を持つのである．このような住民投票は，62件を数えることができた．

2.2 合併協議会設立の住民投票

すでに述べたように，合併特例法に基づいて合併協議会設立の住民投票が行われたのは66件である．ただしこのうち，鹿児島県祁答院町では2回の住民投票が行われているために，住民投票が行われた地方政府の数は65ということになる．人口別の内訳は表6-1に示されているとおりであり，そのほとんどが人口3万人未満の小規模な町村となっている．人口の50分の1の署名とはいえ，最低でも2回の直接請求を行わなくてはならないことを考えると，規模の大きい地方政府で直接請求を行って住民投票を行うのが容易ではないことが確認できる．

さらに，先行研究を通じて合併の選択に強い影響を与えると考えられてきた変数と，住民投票における投票率・賛成率の関係を分析した．合併特例法の改正で住民発議が加えられた時期のデータとして，財政力指数（1999年度），人口規模（2000年），高齢化率（2000年）に加えて，合併に関係する市町村数，想定される合併市町村に占める人口比率を収集し，住民投票のための直接請求が行われたかどうか（ダミー変数）を加えて回帰分析を行った結果が表6-2である．この回帰分析の結果から読み取れることは，まず地方政府の財政力と投票率が負の関係にあることである．財政力が低い地方政府と比べて，財政力が高い地方政府では合併がそれほど切実な問題として扱われていないことがうかがえる．

賛成率についての回帰分析は，修正済み決定係数やF検定の結果を見ると，投票率ほどにあてはまりのよいモデルとは言えないが，

表 6-1　合併に関する住民投票を行った市町村の人口規模

人口	合併協議会設立の住民投票	条例による住民投票	
		賛否投票	枠組み投票
～5000	9 （13.6%）	48 （17.2%）	15 （24.2%）
5000～10000	20 （30.3%）	74 （26.5%）	18 （29.0%）
10000～30000	31 （47.0%）	105 （37.6%）	25 （40.3%）
30000～50000	4 （6.1%）	24 （8.6%）	1 （1.6%）
50000～	2 （3.0%）	28 （10.0%）	3 （4.8%）
合計	66 （100%）	279 （100%）	62 （100%）

注：人口 5000 人未満の祁答院町では合併協議会設立の住民投票が 2 度行われている.

合併において人口比率が大きくなる地方政府ほど賛成する人々が増えることを示している．したがって，合併によって相対的に有利な地位を得ることができると考えると賛成する傾向が生まれると指摘できる [15]．そして興味深いのは，直接請求の影響である．住民投票の直接請求がなされるということは，合併協議会の設立に向けた住民投票を積極的に推進するグループが存在したことを示すものであり，賛成が増えそうだと考えられるが，結果はそのような予想とは異なり，むしろ直接請求が行われた市町村では賛成率が低く，長の請求で住民投票が行われた市町村で賛成率が高い傾向にある．6分の 1 という非常に多くの署名を必要とするために，住民投票の問題が政治化することになり，反対する勢力を刺激して活発に活動させているとすれば，総務省が当初想定していたような，合併推進のための住民発議制度はむしろ推進とは逆効果を持っていたと指摘できるだろう．さらに，このような政治的な争点化の激しさと賛成率の関係を確認するために，投票率を説明変数に加えて回帰分析を行うと，投票率の高さは賛成率に対して有意な負の関係を持つことが

15）　財政力指数，人口，高齢化率を同時に投入したモデルではこのような結果が出るが，相互の相関関係が強いために，いずれかを真の要因であると考えることには留保が必要である.

示される[16].

続いて，住民投票を実施した市町村のその後を確認する．住民投票が実施された後，その結果は必ずしも拘束力を持って地方政府の意思決定を縛っているわけではないため，住民投票で賛成多数となった地方政府でも，必ず合併が成功するということにはならない．実際，賛成多数となった28の市町村のうち，住民投票で認められた合併の枠組みをもって，合併特例法の期限切れである2005年度中に合併の申請にこぎつけたのは9に過ぎない．それ以外の市

表 6-2 合併協議会設立の住民投票の投票率・賛成率についての回帰分析

	投票率	賛成率	賛成率
財政力指数	−0.364**	0.062	−0.088
	(0.100)	(0.145)	(0.156)
人口（対数）	−0.013	0.001	−0.004
	(0.024)	(0.035)	(0.033)
高齢化率	−0.274	0.221	0.108
	(0.275)	(0.402)	(0.392)
関係市町村数	0.011+	0.007	0.012
	(0.006)	(0.009)	(0.009)
人口比率	−0.091+	0.200**	0.162*
	(0.051)	(0.074)	(0.074)
住民直接請求	−0.014	−0.099**	−0.105**
	(0.022)	(0.033)	(0.032)
投票率			−0.412*
			(0.184)
定数	1.031	0.393	0.818
	(0.243)	(0.354)	(0.391)
サンプルサイズ	66	66	66
自由度調整済み決定係数	0.461	0.154	0.208
F 値	10.27	2.98	3.44
Prob＞F	0.000	0.013	0.004

注：下段カッコ内は標準誤差．**は1%水準，*は5%水準，+は10%水準で有意な結果を示した変数を表す．

町村では，合併を行わないか，行うとしても住民投票で認められた合併協議会とは異なる枠組みを選択することとなった[17].

---

16) 塩沢健一によれば，既存の別の法定協議会が存在するかどうかをダミー変数として加えた分析を行うと，投票率の効果は検出されなくなる（塩沢2019）．塩沢も指摘するように，既存の協議会があれば，それとの選択を迫るという性格が強くなって投票率自体が向上することが影響すると考えられる．

17) 残りの19の市町村のうち，合併特例法の期限内に合併しなかったものが12，異なる枠組みで合併したものが7である．

表 6-3　合併協議会設立の住民投票の賛否と合併
　　　　行動

	賛成多数	反対多数
旧法期限内に合併せず	12 (42.9%)	14 (36.8%)
旧法期限内に合併	16 (57.1%)	24 (63.2%)
住民投票の枠組み	9 (32.1%)	2 (5.3%)
住民投票と別の枠組み	7 (25.0%)	22 (57.9%)
合計	28 (100%)	38 (100%)

注：反対多数で旧法期限内に合併しなかった市町村のうち, 4つが
　　その後合併を選択した.

　他方, 反対多数となった 38 の住民投票を見ても, 28 もの地方政
府が住民投票の結果にもかかわらず最終的に合併という決定を行っ
ている[18]. 反対多数となって合併協議会が設立されなかったもの
の, 多くの地方政府は他の枠組みを選択して合併を決定していくこ
とになったのである. そして例外的に, 合併特例法の期限内に, 住
民投票で否定されたはずの枠組みで合併した地方政府として福岡県
宮若市がある. また, 合併特例法の期限が切れてから, 群馬県吉井
町と熊本県植木町が, それぞれ住民投票で否定された枠組み（高崎
市・熊本市への編入）で合併を行っている.

　以上の経緯をまとめたものが表 6-3 である. この表を見ると一目
瞭然だが, 住民投票で賛成が多数派であった市町村において, 必ず
しも合併行動が促進されたわけではなく, しかも住民投票の枠組み
での合併が実際には困難であったことがわかる[19]. 住民投票で反
対が多数となった市町村のほうが, 住民投票で提案されたのとは別

---

18)　この中には 2 回住民投票を行って, 2 回とも反対多数となった祁答院町
　　も含まれる. また, 合併特例法の期限切れ後に合併した市町村が 4 つあり,
　　合計 28 となる.
19)　既存の法定協議会が存在するかどうかによってこの傾向が大きく変わる
　　わけでもない（塩沢 2019）.

の枠組みで速やかに合併を決定しているのである．このような結果は，合併推進にあたって期待されたような住民発議の機能が必ずしも働かなかったことを意味している．直接請求で住民投票が行われた市町村で賛成率が低いということも示すように，特定の枠組みで住民から合併を発議させることによって，地方政府の内部での紛争が激しくなったことが要因ではないかと推論できるだろう．

2.3　条例による住民投票──賛否を問う住民投票

　合併協議会設立の住民投票と同様に，まず条例による住民投票を行った市町村の人口規模を確認する．表 6-1 からわかるのは，賛否を問う住民投票が，比較的規模の大きな地方政府でも行われていることである．これは，地方政府の領域をどのように設定するかという問題について最終的に住民の意思を問うというタイプの住民投票が，比較的大きな規模の地方政府でも可能であるからに他ならない．他方，規模の大きな地方政府では，すでに述べた合併協議会設立の住民投票のようにハードルの高い直接請求を必要とするものがそもそも難しいのは言うまでもないが，枠組みを問う投票についても行われていないのは，その点については長や議会を中心とした政治家によって決めるという傾向が強いからではないかと考えられる．

　次に，賛否を問う住民投票について，やはり合併協議会設立の住民投票と同様に，財政力指数，人口規模，高齢化率，合併に関係する市町村数，想定される合併が行われた後での人口比率，住民投票のための直接請求が行われたかどうか（ダミー変数）を説明変数として用意して，住民投票における投票率と賛成率との関係を調べた[20]．さらに，賛否を問う住民投票については，合併を予定して

---

20)　投票率については，青森県西目屋村，茨城県美浦村，新潟県六日町・大和町のデータが総務省調査でカバーされていなかったため，選挙管理委員会や新聞で発表されたデータを用いて補完した．

表6-4 条例による住民投票（賛否投票）の投票率・賛成率についての回帰分析

	投票率	投票率	賛成率	賛成率	賛成率
財政力指数	0.003	0.002	−0.171*	−0.171**	−0.170**
	(0.036)	(0.035)	(0.065)	(0.065)	(0.065)
人口（対数）	−0.055**	−0.054**	0.029+	0.029+	0.010
	(0.009)	(0.009)	(0.017)	(0.017)	(0.018)
高齢化率	0.425**	0.404**	0.152	0.148	0.273
	(0.127)	(0.126)	(0.233)	(0.234)	(0.234)
関係市町村数	−0.004	−0.003	0.004	0.004	0.003
	(0.003)	(0.003)	(0.005)	(0.005)	(0.005)
人口比率	−0.091*	−0.066*	−0.076	−0.074	−0.094
	(0.031)	(0.031)	(0.059)	(0.060)	(0.059)
住民直接請求	0.021+	0.021	−0.012	−0.012	−0.005
	(0.013)	(0.013)	(0.024)	(0.024)	(0.024)
同日住民投票		−0.028*		−0.005	
		(0.012)		(0.022)	
投票率					−0.326**
					(0.118)
定数	1.122	1.122	0.286	0.286	0.661
	(0.098)	(0.097)	(0.180)	(0.180)	(0.224)
サンプルサイズ	279	279	270	270	270
自由度調整済み決定係数	0.510	0.519	0.026	0.029	0.051
F値	49.28	43.81	2.01	2.34	2.82
Prob＞F	0.000	0.000	0.055	0.032	0.005

注：下段カッコ内は標準誤差. **は1%水準, *は5%水準, +は10%水準で有意な結果を示した変数を表す. 賛成率のモデルでサンプルサイズが小さいのは,「投票率50%」などの開票条件のために, 住民投票を行っても未開票となった市町村が存在するからである.

いる複数の地方政府が同じタイミングで住民投票を行うことがあることに注目し, それが投票率・賛成率にどのような影響を与えるのかを検証するためのダミー変数を設定した.

　この回帰分析の結果は, 表6-4に示されている. ここから読み取れることは, まず投票率について, 人口が少なく高齢化が進んでい

る市町村で高くなる傾向があることである．さらに，合併の枠組みにおける人口比が小さくなると投票率が高まる傾向も示されている．高齢者が多くて過疎に悩む地域が合併をするかどうか，というようなときに多くの人々の関心を集めて投票率が高まるというイメージであろう．そして興味深いのは，他の地方政府での同日の住民投票の実施が投票率と負の関係を持っていることである．他の地方政府で同時に住民投票が行われることで，仮に自分たちの地方政府で賛成多数でも他で反対多数であれば合併は行われなくなってしまう．そういった環境のもとで，あらかじめ投票を棄権した有権者が多くなっていることが示されている．

賛成率について確認すると，財政力指数が高い市町村で反対が多くなるという傾向が見て取れる．財政力指数が高い市町村が低い市町村と合併すると，これまでにない負担が求められる可能性があるために反対するという傾向が生まれると考えられる．ただし，この分析の際に注意が必要なのは，分析対象とする市町村の中に他と比べて極めて財政力の高い大阪府田尻町が存在することである．1999年度における田尻町の財政力指数は 1.62 であるのに対して，田尻町を除いて分析対象となった市町村の財政力指数の平均は 0.40 程度であるため，その数値は際立って高い．これを外れ値として分析から外すと，財政力指数の効果は非常に弱まることを留保しておく必要がある [21]．さらに，合併協議会設立の住民投票と同様に，住民の関心の高まりと賛否の関係を確認するために，投票率を入れたモデルを分析すると，同じように投票率が高い市町村で賛成率が低くなるという傾向が確認された．議論が盛り上がることによって，変化への反対が強まり現状維持志向が強くなると指摘することがで

---

21)　田尻町の次に財政力指数が高い地方政府は大阪府高石市（1.11）であり，財政力指数が両者の間で，かつ住民投票を行った地方政府がないために，田尻町が単に外れ値であると言えるかどうかはわからないと考える．

きるだろう.

住民投票を実施した市町村のその後を確認すると, 合併特例法の期限後に合併した栃木県河内町の事例を含めれば, 賛成多数となった 157 (156＋1) の市町村のうち, 105 の市町村が住民投票によって示された枠組みで合併していることがわかる. それに対して, 43 の市町村が投票結果に反して, 合併特例法の期限内に合併していない. そのうち市町村の議会が住民投票の結果に反対して合併を断念したのは 13 に過ぎず, 30 市町村は予定した合併相手が住民投票で反対多数になるなどして破談になったものである [22]. そして, 残りの 9 つの市町村についても, 議会の反対や相手の変更などで枠組みを変えながら, 合併特例法の期限内に合併を選択している. 他方, 反対多数となった 114 の市町村を見ると, 反対を押し切って住民投票で提案された枠組みで合併に至ったのは, 例外的な事例である浪岡町も含めて 10 に過ぎない. 枠組みを変えて合併特例法の期限内に合併した市町村を含めても 19 である. 95 の市町村は住民投票の結果を受け入れてそのまま合併を取りやめ, そのうち合併特例法の期限切れ以降まで含めても, 合併に至った市町村は 13 にとどまっている [23].

以上の経緯をまとめると表 6–5 のようになるが, 合併協議会設立の住民投票とは異なって, 条例による住民投票の場合には, 基本的に住民の意思が反映されるかたちで合併・非合併の選択が行われていることがわかる. 反対多数となった場合には, その枠組みで合併

---

[22]　なおこの 30 の市町村のうち, 埼玉県騎西町, 高知県春野町, 宮崎県南郷町, 鹿児島県蒲生町・屋久町は, 合併特例法の期限切れ後に結局住民投票の枠組みで合併している.

[23]　このような市町村は, 基本的に以前と合併の枠組みを変えているが, 合併特例法の期限切れ以降で, 住民投票と同様の枠組みで合併に至った例外的な事例として, 山梨県増穂町がある.

表 6-5　条例による住民投票の賛否と合併行動

	賛成多数	反対多数	未開票
旧法期限内に合併せず	43 (27.6%)	95 (83.3%)	3 (33.3%)
その後合併	12 (7.7%)	13 (11.4%)	1 (11.1%)
合併せず	31 (19.9%)	82 (71.9%)	2 (22.2%)
旧法期限内に合併	113 (72.4%)	19 (16.7%)	6 (66.7%)
住民投票の枠組み	104 (66.7%)	10 (8.8%)	6 (66.7%)
住民投票と別の枠組み	9 (5.8%)	9 (7.9%)	0 (0%)
合計	156 (100%)	114 (100%)	9 (100%)

注：賛成多数で住民投票の枠組みで合併したものの，旧法期限内の合併ではない唯
　一の事例として，栃木県河内町がある．

が強行されることは難しくなるというだけでなく，その後の合併自体行われにくくなっていることがうかがえる．それに対して，賛成多数の場合には，基本的にその枠組みで合併が行われているだけではなく，合併相手の都合で合併が流れた場合にも，異なる枠組みでの合併が模索されている傾向にあると言えるだろう．なお，投票率が議会の設定した条件を満たしていないということで未開票となった9の市町村のうち，合併を選択した7つの市町村では全て住民投票で提示された枠組みで合併を行っている．

2.4　条例による住民投票──枠組みを問う住民投票

　最後に，条例による住民投票のうち，枠組みを問う住民投票について検討する．枠組み投票の最大の特徴は，それが極めて多様性に富んでいるということである．選択肢の数についても内容についても，それを設定する市町村に委ねられるからである．62の枠組み投票では，最大で5つの選択肢から選ぶことが可能とされていたが，5つの選択肢を唯一用意した佐賀県北方町では，投票率（49.98%）が開票条件（50%）を満たさずに開票されていない．それ以外では，4つの選択肢を用意したのが5つの市町村，3つの選択肢を用意したのが38団体，最小の2つの選択肢を用意したのが18団体となっ

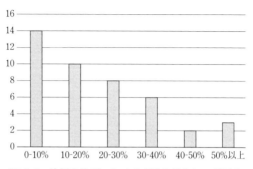

図 6-1 枠組み投票における「現状維持」の得票率

ている.

　まず注目すべきは，合併しないという現状維持を選択することができるかという点である．この選択肢を用意したのは北方町も含めて 44 の市町村であり，18 の市町村ではそもそも現状維持という選択肢を用意していない．そのため，住民は地方政府が用意した合併の選択肢からどれかを選ぶことを強いられるのである．さらに興味深いのは，現状維持の選択肢がある場合でも，その人気が高いものではないことである（図 6-1）．過半数の得票を獲得することは非常に稀であり，逆に 10% の得票も集められないようなケースが多くなっている．

　次に，枠組み投票の投票率と，現状維持の得票率，そして現状維持以外で最も得票を集めた選択肢の得票率（一位選択得票率）がどのように決められるかを検討するために，合併協議会設立の住民投票，賛否を問う投票と同様に，財政力指数，人口規模，高齢化率，住民投票のための直接請求が行われたかどうか（ダミー変数）を説明変数として用意した[24]．枠組み投票であるために，合併に関係

　24）　投票率については，長崎県口之津町と南有馬町のデータが総務省調査でカバーされていなかったため，新聞で発表されたデータを用いて補完した.

する市町村数，想定され
る合併が行われた後での
人口比率を説明変数とし
て設定することはできず，
その代わりに現状維持の
選択肢があるかどうか
（ダミー変数）と選択肢
の数を新たな説明変数と
して用意した．さらに，
現状維持の得票率と一位
選択得票率についてはこ
れまでの分析と同様に投
票率を説明変数として追
加することとした．

この回帰分析の結果は，
表6-6に示されている．
投票率については，賛否
を問う住民投票と同様に，
人口が少ない市町村で高
くなる傾向が確認できる.

表6-6 条例による住民投票（枠組み投票）の
投票率・得票率についての回帰分析

	投票率	一位選択 得票率	現状維持 得票率
財政力指数	−0.026	0.027	0.171
	(0.069)	(0.104)	(0.168)
人口（対数）	−0.076**	−0.033	−0.073
	(0.017)	(0.030)	(0.047)
高齢化率	0.316	−0.257	0.158
	(0.196)	(0.303)	(0.520)
住民直接請求	−0.036	−0.019	−0.037
	(0.025)	(0.038)	(0.075)
選択肢の数	−0.095**	−0.013	−0.133+
	(0.026)	(0.054)	(0.079)
現状維持の有無	0.080*	−0.117	
	(0.039)	(0.070)	
投票率		0.206	−1.135**
		(0.205)	(0.333)
定数	1.575	0.835	1.998
	(0.186)	(0.426)	(0.722)
サンプルサイズ	62	61	43
自由度調整済み 決定係数	0.618	0.266	0.235
F値	17.47	4.11	3.15
Prob＞F	0	0.001	0.014

注：下段カッコ内は標準誤差．** は1％水準，* は5％水準，
+ は10％水準で有意な結果を示した変数を表す．

それに加えて，選択肢が多いこと，現状維持の選択肢がないことが
投票率を下げる傾向にあることがわかる．どれを選んでよいかわか
らない，あるいは選びたい選択肢（＝現状維持）がない，というと
きには住民が投票しない傾向が強まると理解できるだろう．さらに，
一位選択と現状維持の得票率についてみると，前者は現状維持の選
択肢があるときに低くなる傾向があるが有意な関係とまではいえず，
その他にも有意な関係を持つ変数は見出せない．

それに対して議論すべきは現状維持の得票率である．選択肢が多

くなると他の選択肢に流れて得票率が低くなる傾向があるほか，投票率が高くなると現状維持が選ばれにくくなっているのである．合併協議会設立の住民投票や賛否を問う投票の場合は，投票率が高くなると反対（＝現状維持）が増えていたのに対して，枠組み投票の場合にはそれとは逆の傾向になっているのである．これは，二択の投票が現状維持という「守るべきもの」を焦点化させるのに対して，枠組み投票の場合には，現状はどうあれどこと一緒になるかという相手先が焦点化されるからではないかと考えられる．選択肢がどう提示されるかによって，現状に対する態度が変わりうることを示唆しているのである．

　枠組みを問う住民投票において，合併しないという現状維持の選択肢が多数を占めたのは，4つの市町村に過ぎない．この4つの団体はいずれも最終的に合併せず存続することとなった．現状維持と未開票の合計5つを除いた57の市町村では，合併という方向が示されることになり，そのうち43（75%）が合併特例法の期限内に合併を実現した．33の市町村では住民投票の意向通りであり，10団体は想定された合併相手の反対などもあって枠組みを変更しつつも合併を選択している．このような結果は，合併協議会設立の住民投票と比較すると驚くべきものがある．直接請求という住民の負担が極めて大きい活動が前提となる住民投票では，必ずしも賛成多数となるわけではなく，しかもその提案通りの合併が行われるのが10%程度であるのに対して，枠組みを選択する住民投票では，現状よりも枠組みの選択が優先されがちで，しかも多くが合併という結果に到達している．これは結局のところ，議会の許容という要因が極めて大きな意味を持っていたことを改めて示すものであると言えるだろう．

得られた知見

　本章の結論は，平成の大合併における住民投票はひとくくりにできるものではなく，住民投票を求める制度や選択肢の設定の仕方によって異なる理由で行われ，全く違う効果を持つということである．まず合併協議会設立の住民投票の分析からは，住民が積極的に発議していくことで合併は促進されるであろうという直観とは異なって，長や議会が消極的な中で住民が合併を求めても，合併が必ずしも進んでいないことが示された．議論の初期の段階で，特定の選択肢をめぐって地域で激しい紛争が生じると，住民投票の結果いかんにかかわらず合併が困難になることを意味すると考えられる．対照的に，やはり初期の段階に行われることもある枠組みを問う住民投票では，そこで合併が否定されれば議論が打ち切られる可能性も大きいが，現状維持かどうかではなく合併の枠組みを問うというかたちで議論を設定するために，「どこと一緒になればよいか」という検討をうまく盛り上げることで，その後発展的に合併が促進されやすいと理解できるだろう．

　住民の意思とその後の地方政府の決定が実質的につながるかたちで機能したのは，レファレンダムとして扱うことができる，賛否を問う住民投票であると言える．この住民投票で賛成多数となれば，基本的に設定された枠組みでの合併が進展し，反対多数となれば明確にその合併は行われなくなるし，仮に合併するとしてもそこから交渉をやり直すなどして非常に時間がかかることになる．このタイプの住民投票は，反対によってその合併に対する住民の拒否権を発動させるというかたちで機能したと考えることができるだろう．長や議会によって基本的に合併の方向性が決められたうえで，いわば民意を確認する意味で住民投票が行われることになったと考えられるのである．

合併という地域における重要な意思決定について，住民投票が越えるべき最後のハードルとして機能するとすれば，そこに住民投票の大きな意義を見出すことができる．しかし，そのような住民投票が初期の段階で広く使われるようになることは，広域の課題に取り組むときに，元々困難の大きい合併というかたちでの解決をより困難にすることもある．しかも，広域の課題について継続的に関わる政党のような組織が十分に発達していない中で，長・議会の選挙とその解職請求，そして住民投票といった別々の投票が継続的に行われることで分裂した意思決定が深刻になり，本来の課題の解決が困難になることも指摘されるべきである．

第 7 章 | 大都市における分裂した意思決定と民意
2010 年代の大阪

はじめに

2010 年代の大阪は，広域の都市圏での地方政府の分裂した意思決定と，住民投票を含めた民意の動員について扱う本書にとって象徴的な事例である．大阪府と大阪市という異なるレベルの地方政府が，いかに大阪大都市圏を統治するかをめぐって議論が行われ，知事・市長・地方議会の選挙，そして国が法律で定めた住民投票と，多様なかたちで民意が表明されてきたからである．

2010 年代に大阪都構想が議論されるようになる以前，大都市である大阪の中心たる大阪市に用意されてきたのは，政令指定都市制度であった．政令指定都市とは，もともと旧 5 大都市と呼ばれる大阪市・名古屋市・京都市・横浜市・神戸市を対象とする制度であったが，次第に拡大を続けるその他の都市にも適用されていった．平成の大合併を通じて，政令指定都市制度の適用要件は緩和され，2012 年 4 月に「昇格」した熊本市を含めて，現在 20 の政令指定都市が存在するが，この間に作られてきた政令指定都市は，必ずしも都市として拡大を続ける大都市というイメージではない．広大な過疎地域をも含めて何とか人口要件をクリアして政令指定都市となった都市もある．すでに政令指定都市となっていた大都市がさらに拡大することはなく，いわば現代日本の都市のゴールとして位置付けられている状況にある．

大阪大都市圏における，広域の地方政府である大阪府と中心地域を担当する政令指定都市である大阪市の間での分裂した意思決定が

もたらす弊害は，以前から議論され続けてきた（砂原 2012）．2008年に大阪府知事に就任した橋下徹が中心となって提起した大阪都構想は，この弊害を解決しようとする最新の，そして最も実現に近づいた提案であると言える．過半数が賛成すれば新たな制度の導入が決まる住民投票が 2 回にわたって提起され，そのいずれもが極めて僅差での否決という結果になったからである．ともに 2 万票以内，1% 程度の僅差であり，可決という結果が出ても不思議ではなかったと言えるだろう．

この大阪都構想をめぐる政治過程は，日本の地方政治において特異なものであった．第 1 章でも指摘したように，日本の地方制度を前提とすれば，長や議員が分裂した意思決定を行おうとするために，地域的な政党政治が存在するのは難しいと考えられる．それにもかかわらず，大阪では，橋下によって創設された大阪維新の会という地方政党が主体となって，長期にわたって一定の政党規律を保ちながら大阪都構想の実現を目指して意思決定を積み重ねてきたのである．そして，大阪維新の会は，その提案の実現を目指す過程において，国政政党との関係を築いて影響力を行使することを図ったり，地方政府の選挙に関する制度を変更したりするなど，地方政府内部での政策過程を飛び越えて大阪府市の運営を行ってきたのである．

本章では，このような特異な大阪の政治過程について，大阪都構想という政策の提案と地方政党としての大阪維新の会に注目しながら検討していく[1]．以下では，まず提案された大阪都構想の展開について，構想の背景や当初の意図，議論の過程での変化などについて整理する．そのうえで，大阪維新の会が，大阪都構想を実現する

---

[1] 本書では，大阪維新の会が国政に進出したときに結成した日本維新の会（2012–2014）やその後の維新の党・おおさか維新の会，日本維新の会（2016–）については行論上必要な範囲でしか扱わない．これらの国政政党については，例えば塩田潮によるルポルタージュがある（塩田 2021）．

ために必要な合意，つまり関係する地方政府における分裂した意思決定の克服をどのように行おうとしてきたかを検討していく．当初は議会の反対を受けつつ長である橋下によって提案された構想が，地方政党の中核的な政策として支持を受け，国政を巻き込みながら実現に向かっていった過程を描くのである．さらに，その過程において，大阪維新の会が，意思決定を行う前提となる政党や選挙に関する制度を変えてきたことが，その政党としての求心力の維持に大きな意味を持ったことを指摘する．そのような検討の上に，大阪都構想の政治過程において住民投票がどのような意味を持つことになったかを議論する．

1 大阪都構想の展開

1.1 領域の再編成

政令指定都市となった大都市は，領域をそこからさらに拡大することなく，過大な行政需要を抱えて非常に窮屈な行財政の運営を強いられる傾向にあった．確かに市域内では国や道府県に代わって事業を実施するための権限を特例的に与えられるが，法人税や消費税など大都市地域に発生する税源の多くは国と道府県によって幾重にも再分配され，当の大都市にはなかなか還元されないことについての不満を慢性的に抱えている（北村 2013）．領域外の周辺地域から多くの人々が訪れて都心の資源を利用するが，そのための負担を求めることは難しく，周辺の地方政府の領域で広域的な事業を実施することもできない．

他方で，道府県の側から見ても政令指定都市の地方政府は扱いにくい存在でもある．第2章でも議論したように，道府県も都市の中心に対して関心を持ち，特に経済政策を実施しようとすると政令指

定都市の地方政府と調整を行う必要に迫られる．大都市の利益になるような政策を進めようとすると，周辺の地域から不満が出ることも少なくない．さらに，政令指定都市自体はその自律性が高いのに対して，政令指定都市の代表が道府県の議会を通じて市外の意思決定にも関わり，例えば農村部への財政移転が非効率であるといったような批判を行うこともある．このような一方的な関係について，周辺地域からは不公平であると見なされることもある[2]．

　東京に次ぐ第2の大都市圏とされる大阪でも，この問題は長く論じられてきた．政令指定都市制度ができて間もないころに提案されたのが，1960年代の中馬馨大阪市長による周辺市の合併提案である．大阪市は，大阪府の中で大きな位置を占めるとしても，面積という観点から見れば他の政令指定都市と比べても小さい（図7-1）．堺市を含めた周辺10市と合併することで大都市圏を形成し，権限や財源を大阪市に集約することが提案されたのである．当時，複数の府県の領域を超えた事業への要請も重視されており，1965年の第10次地方制度調査会の答申では府県合併が盛り込まれ，その翌年には政府提案で都道府県合併特例法案が国会に提出されている．さらに，続く第13次・14次の地方制度調査会では，大都市の拡張と明確に結びつけられて府県合併が議論されるようになった（砂原2012）．

　この構想が，1971年の法案の不成立と中馬の死去，さらには高度経済成長の終焉と人口移動圧力の緩和などもあって挫折すると，大阪府と大阪市の機能分担が強調されるようになる．大阪市は市内の中心部に，大阪府は市外に力点を置いて事業を行うということである．しかし，大阪市は大都市として市の内外を結ぶ交通網や港湾

---

2)　これはウェスト・ロズィアン問題（West Lothian Question）として知られる（北村 2013: 200）．

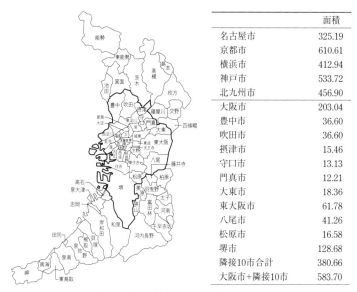

	面積
名古屋市	325.19
京都市	610.61
横浜市	412.94
神戸市	533.72
北九州市	456.90
大阪市	203.04
豊中市	36.60
吹田市	36.60
摂津市	15.46
守口市	13.13
門真市	12.21
大東市	18.36
東大阪市	61.78
八尾市	41.26
松原市	16.58
堺市	128.68
隣接10市合計	380.66
大阪市＋隣接10市	583.70

図 7-1　大阪市と隣接 10 市の規模

地帯の整備・開発に関心を持ち続け，大阪府による住宅を中心とした社会基盤整備や臨海工業地帯の開発との重複は続いていく．そして，その象徴としてしばしば取り上げられるのが，第 2 章でも触れた WTC ビルである．大阪市によって建設されたこのビルは，大阪府が南大阪湾岸を埋め立てて建設したりんくうゲートタワービルとその高さ（ともに 256m）を競って建てられたという．大都市地域の整備を一元的に行うどころか，大阪府と大阪市という 2 つの大規模な地方政府を中心とする分裂した意思決定は，需要に対して過剰な開発を行う傾向を有し，後年の財政危機を招くことになったと考えられる．

　2010 年代に提案された大阪都構想は，大阪府と大阪市の統合を軸として権限・責任の再配分を行おうとしたものである．それまで

の分裂した意思決定を,「二重行政」や「二元行政」として批判し,権限・財源を大阪府に集約することで,従来の政令指定都市の縛りを超えて,大阪府というより広い領域で大都市を管理することを主張したのである.これは,大阪府の境界を変更することができない中で,大阪市を合併によって拡張することなく,大都市を管轄する地方政府の領域を変更しようとしたものであると理解できるだろう.そのうえで,新たな大阪都の一元的なリーダーシップのもとで,国際的に競争力のある大都市になることを目指すというのである.

大阪市の権限や財源を新たな大阪都が吸い上げるというようなことは,時代錯誤の府県集権主義だという批判は少なくない(高寄 2010 など).しかし,橋下の提案以前にも,2000 年代に入ってから同様の構想が示されてきた.大阪府が 2004 年に示した,大阪市を含めた府下の市町村が参加する広域連合「大阪新都機構」の設置や,大阪市がそれに対抗して提案した「スーパー指定都市構想」などである.いずれも,大阪において異なる領域を管轄する地方政府の分裂した意思決定を問題視し,大都市としての権限や財源を集約することを主張している.そのような中で大阪都構想は,大阪府・大阪市の領域を変更することができないことを前提に,大阪府の領域を大都市の範囲と見立てて新たな地方政府を設置しようとしたものであると整理できるだろう.

1.2　大阪市分割への傾斜

大阪都構想で導入が目指された都制という制度の妙味には,都と特別区の権限や財源の分配を,府県と市のように固定化せずに考えることができる点にあった.本来市ならば持つはずの権限や財源を,特別区から削って都が持つことで,新たに設置される大阪都が大都市の発展に寄与するための仕事ができる,というのである.具体的な権限としては,都市計画事業の権限などはそれに当たると考えら

れるし，その権限に必要な財源は，特別区から都の方へ吸い上げられることになるだろう．

そのとき大きな問題は，特別区とされる領域の範囲である．これは実質的に大都市・大阪の境界をどこに引くかという問題にも連なる．2010 年 4 月に発表された当初の大阪都構想では，大阪市の他に堺市・豊中市・吹田市・摂津市・大東市・守口市・門真市・東大阪市・松原市・八尾市という隣接 10 市を再編して特別区にすることが提案されている（吉富 2011）．1960 年代に中馬馨大阪市長のもとで市域拡張が主張されたときに，大阪市への編入が議論された地域であり，大阪市との都市としての連坦を考えても一元的に意思決定が行われる部分が広がるのはそこまで奇妙なことではない．この提案に基づけば，これらの市から，大都市の運営に必要な権限が部分的に吸い上げられるとともに，大都市大阪のベッドタウンとしての位置づけを持つ地域としての相応の負担を求めることも考えられた [3]．

大阪都構想の具体的な制度設計については，橋下が大阪府知事を務めていた時期に，学識者を中心に開かれた「大阪府自治制度研究会」（2010 年 4 月〜12 月），2011 年統一地方選挙で大阪維新の会が大阪府議会の過半数を獲得したことを踏まえて設置された，府議会議員による「大阪府議会大阪府域における新たな大都市制度検討協議会」（2011 年 7 月〜9 月），そして府知事・市長のダブル選挙での勝利に引き続いて設置された「大阪にふさわしい大都市制度推進協

---

[3] これらの点は，大阪府で大都市制度室長・大都市局長として一貫して大阪都構想の制度設計に関わり，2019 年に副知事に就任した山口信彦も強調している（特別区協議会 2016）．山口の議論からは，少なくとも制度設計者から見れば，大阪都構想は，特別区を設置する制度というよりも，広域の大都市を管轄する地方政府を生み出そうとするものであったと考えられる．

議会」（2012 年 4 月〜13 年 1 月）で議論が行われた．これらの会議では，地方政府で設置するものとしては異例なほどに膨大な資料が提出され，大阪都構想のあるべき姿をめぐって精力的な議論が行われてきた．

これらの会議で行われてきた議論が全て橋下と大阪維新の会の思うままだったわけではない．例えば，「大阪府自治制度研究会」のとりまとめでは，大阪都構想に批判的な部分があり，当時の橋下知事がそれに抗議する場面もある．また，議論が政治の場に移ってからは，自民党・民主党を中心とした地方議員からの度重なる批判を受けつつ，大阪市議会における公明党議員の協力を得ながら少しずつ議論を進めている．そして 2013 年 2 月に，大阪府議会と大阪市議会で議決を得て，ようやく後述する大都市地域特別区設置法で定められた特別区設置協議会の設置に漕ぎ着けたのである．

このような過程での重要な特徴は，議論がどのような特別区を設置するかに偏重していくことである．もともと橋下と大阪維新の会が大阪都構想を主張する際に掲げたキャッチフレーズは「ワン大阪」であり，大阪府市の力を結集して国際的な都市間競争に挑むための制度改革としての性格が極めて強かった．しかし，隣接 10 市の再編というアイディアはかなり早い段階で消失し，会議の名称から「大都市」という単語が外れ「特別区」という単語が入ることに象徴されるように，法定協議会の議論は区割り＝大阪市の分割と，特別区の設置による金銭的なメリットを測る財政シミュレーションに傾倒していく．これは，大阪都心（特に北区・中央区）を国際競争に打ち勝つために改めて整備していくという問題意識ではなく，現状でそれなりの集積を抱える大阪都心の収益を新たな特別区になんとか平等に配分していこうという問題意識に基づくものに他ならない[4]．このような傾向は，大阪という大都市全体よりも，自らの選挙区や選出地域の利害に強い関心を持ちやすい地方議員にとって，

大阪都構想をより受け入れやすくするものであったと考えられる．

　重要な論点として挙げられるのは，都市計画権限の配分である．大阪都構想が大都市としての大阪を建設するという発想であるならば，都市計画の権限を集権化することは避けて通れない．住宅開発や道路・鉄道などの社会基盤整備のために必須な権限だからである．ところが，特別区設置協議会の議論では，「中核市並みの権限をもつ特別区」が強調され，都市計画の権限の地方分権，すなわち特別区への権限移譲が強調された．その結果，大阪市の市域内にあって，従来は政令指定都市が権限を独占していた開発事業であっても，新たな大阪都と関係する特別区がそれぞれに部分的な権限を持つという事態が生じることになる．当然，権限をもった特別区はそれぞれの住民のことを考えて都市計画を行うことになり，それが国際的な都市間競争に打ち勝つことにつながるとは限らない．特別区の権限を大きくすることは，それまでよりも身近な利益の実現につながることがあるとしても，大阪における分裂した意思決定の問題を継続させる可能性を無視できない．

　さらに問題となるのは財源についての考え方である．議論の過程ではしばしば西成区が象徴的に取り上げられたが，現在の大阪市内における地域ごとの経済力の格差が大きいために，特別区の財源を大きくすることで，財政力の強い特別区と弱い特別区の差が大きくなる可能性をはらんでいる．そのとき，財政力の強い特別区の住民は，自分たちの地域の税収を自らの地域において費消するのを望むことが予想される．例えば，他の地域に対して再分配のために財源を拠出するよりも，地域の減税のために使うべきであるという議論は出現するだろう．そして，特別区を重視する発想は，このような

---

4)　住民説明会の場でも，大阪都が何をするかよりも，特別区の設置によって住民サービスがどのような影響を受けるかについて，市民の関心が高かったという（特別区協議会 2016: 273-284）．

態度を正当化しがちになる。結局，特別区への権限や財源を大きく配分することは，大都市の手をかえってきつく縛るものになってしまうと考えられる。

　2回の住民投票が行われた大阪都構想では，2015年と2020年で異なる特別区設置協定書が可決されているが，いずれにおいても特別区への権限・財源の移譲を行いつつ，従来と住民サービス水準が変わらないことが強調されている。2020年の協定書では，移行のコストを減らすために，特別区の数を5つから4つへと減らすことが大きな変更として注目された。その他，移行後の大阪都と特別区の調整業務について追加されているところがあるが，「中核市並みの権限をもつ特別区」という基本的な設定が大きく変わっているわけではなく，いかに大阪市を分割するかが焦点となっていた[5]。

　このような議論の変化を踏まえると，大阪都構想の特徴を改めて整理することができる。つまり，一方で，「ワン大阪」という言葉に象徴されるように，大阪都が周辺部分を含めて統合した意思決定を行うことが強調され，他方で政令指定都市である大阪市を特別区に分割し，それぞれの特別区の自律性も強調される。大阪都と特別区が共通の目的を果たすために行動すればよいが，そうでないと分裂した意思決定の問題はより悪化するかもしれない。大阪都構想は，大阪都のリーダーシップと特別区の自律性が両立することを暗黙の前提としており，さらに大阪維新の会を支持する有権者は，この2つの考え方をともに支持していた可能性がある（野田2012）。

　　5）　批判する側の論点も，大阪都構想で作られた特別区が以前のサービスを提供できないのではないか，という点が中心になっていく（川嶋2020; 森2020）。

2 | 住民投票への過程

2.1　大阪都構想の提案

　分裂した意思決定を打破しようとする制度改革は，分裂した意思決定が深刻であればなおさら実現することが難しい．それにもかかわらず，大阪府・大阪市においては大阪維新の会が中心となり，大阪市を超えた大都市圏域を考える大阪都構想の議論が活発に行われ，住民投票が実施されるまでに至った．これはなぜだろうか．

　極めて明らかなことだが，知事・市長を務めた橋下の影響力が極めて強かったことが挙げられる．橋下は，知事の経験から，大阪で分裂した意思決定が続き，複数の似たような事業が行われることを「二重行政」という概念で問題視し，当時の平松邦夫大阪市長と協議を始めた．当初の水道事業に関する協議は，府市の事業を統合することで一致するかに見えたが，大都市である大阪市の意向が府下市町村の水道事業，そして水道料金に大きな影響を与える可能性があることが，府下市町村の反発を招いて決裂する[6]．さらに，その後は第2章でも述べたように，赤字にあえぐ大阪市のWTCビルを買い取って，老朽化による建て替えが議論されていた大阪府庁舎を移転するという提案を行う．巨大な建物を作り過ぎないという意味で「二重行政」を回避しようという提案は，大阪市からは支持を得たものの，大阪府議会からは強い反発を受けて認められることはなかった．このような挫折を経て，橋下は広域的な問題について一元的に解決を図ることができるような制度改革を主張するようになる（橋下・堺屋 2011）．

---

　[6]　このような決裂の背景には，古くから水道のような社会基盤が整備されてきた大阪市においては，投資が早めに完了しており，他の市町村よりも料金が安くなっているということがある．

第1章でも述べたように，長と議会という2種類の代表が別々の選挙で選ばれる日本の地方政府では，異なる選挙制度が長と議会のそれぞれに異なる影響を与えると考えられる．単記非移譲式投票で選ばれる地方議員が議員個人への支持とかかわる特定の地域や団体が関心を持つ個別的な利益を主張しやすいのに対して，地方政府の全域を選挙区とする小選挙区制によって選出される長は，領域全体の民意を強調するような戦略をとることができる（砂原 2011）．そこに対立構造が生まれるが，選挙に勝つために個々の地方議員たちの支援を受けて相乗りを前提としなくてはいけないような長ならば，地方議員が主張する個別的な利益を無視することは難しい．他方，橋下のように自分自身が絶大な人気を誇る知事・市長であれば，地方議員の利益を気にせずに，自らが重視する主張を提示することができるのである．それは，単に当該地方政府の領域全体の民意であるだけではなく，その外部からの視点に立脚して，少なくとも短期的には住民の意向と反するものでさえあり得るだろう[7]．

　実際，WTCビルへの庁舎移転の否決に代表されるように，橋下の主張に対して，当初大阪府・大阪市を通じて地方議会の側は概して否定的であった．ただ，このように長が現状を変革しようとする主張に対して，地方議会が反発するのは大阪に限ったことではなく，ほとんどの地方政府において見られる現象である．そして，地方議会の選挙制度は，内容の良し悪しはともかく現状からの変更を望む改革志向の長が，地方議会で自分を支持する与党を形成するのを妨げることが多い．なぜなら，地方議員を選ぶ場合には，長の主張が

　7）　たとえば，活性化のために外からの人口流入を増やそうとする施策を考えてみると分かりやすい．すでにある地方政府の領域に住んでいる住民の負担で，その時点では外にいる人たちのために住宅を用意するなどの補助を与えるとすれば，短期的には負担が増えるだけとして住民が反発する可能性は低くないだろう．

争点になりにくいからである．もし小選挙区制であれば，2005 年の郵政選挙がそうであったように，単一の争点やリーダーへの賛否を軸とした投票行動は起こりうるが，大選挙区・単記非移譲式投票でこれを行うと，一般には知事や市長に賛成する候補者間の同士討ちが問題になるし，反対派は知事や市長が掲げる争点を無視して，特定地域に密着した政策や自分の業績を主張することで当選を狙うこともできるからである．

　ところが，橋下は，2010 年に大阪維新の会を結成すると，大阪府議会議員を中心に，地方議員を組織化することに成功し，2011 年の統一地方選挙以降は大阪府議会では過半数を占めるまでになっていく．それまで，他の地方政府でも，さまざまな改革を主張する知事や市長はいたものの，多くの場合は地方議会が改革に対して反発し，長の与党が過半数を占めるようなことはあり得なかった[8]．説得を通じて議会の同意を取り付けるかたちで漸進的な改革を進めるのが基本であり，どうしても議会の反対に手を焼く知事や市長は，長野県の田中康夫知事に代表されるように「出直し選挙」を図って有権者の支持をテコに議会を迂回しようとするほどであった[9]．それではなぜ大阪府だけは大阪維新の会という政党が成立し，現状からの大きな変化を訴える橋下を支持する大阪維新の会が過半数にまで達することになり，議員がそれぞれ独自に有権者へアピールしがちな地方議会でも一体性を維持することができたのだろうか．

---

8)　橋下が率いた大阪維新の会のほかに，知事・市長が主導した代表的な政党として，滋賀県の嘉田由紀子知事による対話でつなごう滋賀の会，名古屋市の河村たかし市長による減税日本がある．この 2 つの政党は，大阪維新の会ほどの成功を収めることはできなかったが，知事・市長が創設した政党を利用して地方選挙の対立軸を形成しようとした（砂原・土野 2013）.

9)　なお，この手法は，後に大阪都構想の協議に行き詰まった橋下も活用することになる.

表 7-1　大阪府議会・大阪市議会・堺市議会選挙の結果
（2011 年）

選挙区定数	大阪府議会				大阪市議会				堺市議会			
	選挙区数	定員	維新候補	維新当選	選挙区数	定員	維新候補	維新当選	選挙区数	定員	維新候補	維新当選
1	33	33	31	28	0	0	0	0	0	0	0	0
2	21	42	21	21	6	12	8	6	0	0	0	0
3	3	9	2	2	8	24	14	9	1	3	1	1
4	1	4	1	1	2	8	4	3	0	0	0	0
5	3	15	3	3	6	30	12	11	1	5	2	1
6	1	6	2	2	2	12	6	4	0	0	0	0
7 以上	0	0	0	0	0	0	0	0	5	44	12	11
合計	62	109	60	57	24	86	44	33	7	52	15	13

2.2　大阪維新の会の成立と存続

　大阪維新の会が成立し，存続しえた重要な要因には，大阪府議会が持つ特有の選挙制度があると考えられる．大阪府は，他の都道府県と比べて領域が狭い割に市町村の数が多く，府議会議員の選挙制度は小選挙区制に極めて近いような状態になっているのである[10]．その状況は，定数が 2 から 6 の大阪市，定数 7 以上がほとんどの堺市と比較した表 7-1 を見ればわかりやすい．2011 年統一地方選挙においては，109 人を選ぶ選挙で，そのうち 1 人区が 33 を占め，2人区と合わせると 54 に上る．中には定数 6 の選挙区（東大阪市）もあるが，全体で 62 も選挙区がある．維新の会はこのほぼ全てで1 人の候補者を出して（例外は東大阪市），60 人中 57 人を当選させた．「維新か，反・維新か」という選択を有権者に迫り，その上で

---

10)　なお，このように極端に選挙区の数が多い地方議会は，大阪府のほかには埼玉県のみと言って良い．

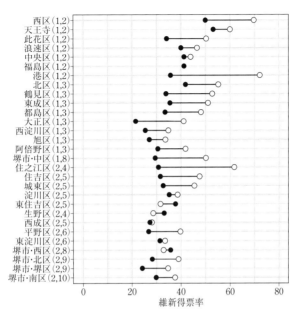

図 7-2　2011 年統一地方選挙結果

注：区の隣のカッコ内は（府議選定数，市議選定数）を示す．図内の黒丸は市議選での維新の得票率，白丸は府議選での維新の得票率を示す．福島区は府議選の候補なし．

他を上回る支持を集めることに成功したと考えられる．

　図 7-2 は 2011 年の統一地方選挙について，大阪府議会議員選挙と，大阪市・堺市議会議員選挙の定数が小さい選挙区を上から順番に並べたうえで，府議選・市議選での大阪維新の会の得票率をプロットしたものである．定数が 1 か 2 である大阪府議会選挙では大阪維新の会の得票率が 30-70% で乱高下しているのに対して，大阪市議会・堺市議会で定数 3 以上の選挙区（港区より下の選挙区）では大正区や西淀川区のようにやや低いところもあるが，おおむね30% 前後の得票率で安定していることがわかる．

このような現象は，大阪維新の会に対する選挙区ごとの支持の違いだけでは説明できない．重要なのは，選挙区定数の違いによって，選挙区ごとに競争構造が変わってしまうということである．定数が小さい選挙区では，選択肢が少なく長の方針を支持するかどうかが争点となりやすく，対立候補によって得票が大きく変わる．たとえば，大阪維新の会の得票が相対的に多い西区・港区・住之江区などでは自民党の候補者は出ていない[11]．それに対して，定数が大きい市議選では，長の方針への態度だけが争点になるわけではない．2011 年の大阪市であれば，維新のほかに自民・民主・公明・共産の候補が安定的に擁立され，その中で維新の候補は全体の 3 割程度の得票を獲得していることを意味していることになる．裏返して言えば，支持を均すとおおよそ 3 割程度であったにもかかわらず，定数が小さい選挙区では大阪維新の会を明確に支持する層以外からも幅広く得票することによって，多くの議席を獲得することができたのである．

　定数 1 を含め全ての選挙区で 1 議席ずつ獲得できれば過半数を見込める大阪府議会では，「維新か，反・維新か」という選択を提示し，それが相対的に好ましい選択であると有権者にアピールすることで多数を得るという戦略が機能した．表 7-1 からは，選挙区の定数が大きい堺市議会ではそのような戦略が機能することは難しかったが，大阪市では第 1 党としての存在感がある程度には議席を獲得できたことがわかる．そして，このような戦略は，個人投票を重視しがちな地方議員を大阪維新の会の方針の下で規律づける効果もあったと考えられる．規律に従わず，選挙で公認を受けることができないとすると，議員は次の選挙での当選がおぼつかない．そのため

---

11)　対照的に，市議選の定数が大きい選挙区では，定数 2 の府議選でも各政党が候補を立てる傾向にあり，府議選での維新の得票率が小さくなっている．

表7-2　大阪府議会・大阪市議会・堺市議会選挙の結果（2019年）

選挙区定数	大阪府議会				大阪市議会				堺市議会			
	選挙区数	定員	維新候補	維新当選	選挙区数	定員	維新候補	維新当選	選挙区数	定員	維新候補	維新当選
1	31	31	30	26	0	0	0	0	0	0	0	0
2	15	30	15	15	5	10	6	5	1	2	1	1
3	2	6	2	2	9	27	16	15	0	0	0	0
4	4	16	7	7	5	20	10	10	0	0	0	0
5	1	5	1	1	4	20	8	8	1	5	2	2
6	0	0	0	0	1	6	3	2	0	0	0	0
7以上	0	0	0	0	0	0	0	0	5	41	15	15
合計	53	88	55	51	24	83	43	40	7	48	18	18

に，特に府議会議員を中心に，大阪維新の会は他の政党にはない組織だった統制を行うことが可能になったのである．

　2015年・2019年の統一地方選挙にかけて，大阪維新の会のこのような戦略はさらに強調されることになった．後に整理するように，その理由としては，府知事・市長という注目を集める選挙を同日に行って，大阪維新の会が提起する「維新か，反・維新か」という選択をより明確にしたこと，そして大阪府における定数の大幅削減を中心とした選挙制度の変更が行われたことを指摘できる．このような変更は，分裂した意思決定が行われる傾向のある日本の地方政府において，意思決定の前に選択肢を絞り込むことを通じて，知事・市長・地方議員を大阪維新の会という政党に強く統合させる効果を持った．統合された政党への支持によって，単記非移譲式投票が生み出す票の分散による損失を超えて得票を得ることで，表7-2に示されるように，2019年の大阪市議会選挙でも，あと2議席で過半数というところまで支持を伸ばすことができたと考えられる（善教2021）．

2.3 国政への働きかけと大都市地域特別区設置法

　大阪府知事であった橋下は，統一地方選挙と2011年11月に予定された大阪市長選挙を前に知事を辞職し，市長選挙へ立候補した．橋下の辞職で大阪市長・大阪府知事の選挙を同時に行うダブル選挙が実施され，橋下は大阪府知事に立候補した松井一郎とともに勝利を収め，大阪市長へと転身した．当時の大阪市長であった平松邦夫は，水道統合やWTCビルの問題で当初橋下と協力する姿勢を見せていたものの，大阪都構想には反対の意向を示していた．大阪都構想実現のためには，関係する市長たちの合意も必要となる中で，平松が反対を続ければ構想を進めることも難しい．平松を翻意させられない以上，選挙を通じて大阪都構想を支持する市長と知事を生み出すことを目指し，これに成功したのである．

　ダブル選挙に勝利した大阪維新の会は，さらに国政への影響力も強めていく．2011年8月に発足した第30次地方制度調査会で大都市制度のあり方が取り上げられることになると，橋下は2012年2月の第7回会合で大阪都構想の概要を説明し，国が最小限度のルールを決めて，詳細は地域に任せるという方向での検討を要請した（岩﨑2012: 33）．3月に大阪維新の会と協力関係にあるみんなの党が参議院に大都市制度改革に関する地方自治法改正案を提出したことを皮切りに国政の各政党が検討を行い，6月からは大都市地域で特別区を設置するための手続き規定を整備するというかたちで一本化作業が行われた．結果として8月末には，指定都市に隣接する市町村まで含めて人口が200万人を超える地域で，議会の議決後に関係市町村による住民投票を経て特別区の設置が可能になる特例法が制定された．

　通常，このような地方制度改革に当たっては，地方制度調査会での専門家による審議があり，それをもとに行われる答申を経て法案

が作成・提出されるが，この大都市地域特別区設置法は，それを飛ばして議員立法として制定された．通常のプロセスを省略して急いで法律が制定された背景には，大都市制度改革を主張する大阪維新の会による国政参加の可能性があったとされる（岩﨑 2012; 新川 2015）．国政政党には，法律の制定に協力することで，次の国政選挙において大阪維新の会の協力を得たいという動機付けがあっただろう．それだけでなく，国政政党にとっては，あらかじめ大阪都構想についての法律を制定することで，大阪維新の会が自ら国政に参加する理由を奪おうという動機付けも考えられた．

地方政党である大阪維新の会の主張が，通常の政治プロセスを飛び越えて実現した背景には，衆議院議員総選挙が，大阪府議会・知事・市長選挙と同様に小選挙区制を中心とした選挙制度で行われていることは無視できない．国政政党，特に当時支持率に陰りが見えていた政権政党である民主党にとっては，大阪維新の会と選挙協力をすることができれば大阪での議席の獲得が期待できるし，反対に大阪維新の会が国政に参入してくると，大阪では「維新か，反・維新か」という選択が脅威になる上に，橋下の人気から大阪以外の都市部において多くの議席を失う可能性があると見なされていたのである（北村 2017）．

大都市地域特別区設置法が制定されたことで，関係する市町村の長と議会が認めれば，住民投票を経て特別区が設置されることになった．関係する市町村として，すでに述べたように，当初の大阪都構想では大阪市の周辺 10 市も考えられたものの，法律制定後にはその参加はほとんど議論されていない．唯一の例外である堺市でも，大阪都構想への参加が重要な争点となった 2013 年 9 月の市長選挙で大阪都構想に反対する現職が勝利したことによって，関係する地方政府に含まれることはなくなった[12]．堺市が大阪都構想への参加を拒否したことで，合意が必要となるのは大阪府と大阪市の 2 つ

のみとなり，大阪維新の会にとっては，過半数に満たない大阪市議会の議決をいかに獲得するかが焦点となった．

2.4　大阪市議会の反対と公明党への脅し

　過半数を獲得するための重要な戦略は，国政政党の影響力を通じて大阪市議会での賛成を取り付けるというものである．大都市地域特別区設置法を成立させたように，国政政党は選挙における橋下市長の影響力を重視して，大阪維新の会に対して宥和的な傾向があった．そこで，国政で橋下市長が協力するのと引き換えに，大阪都構想実現に向けた大阪市議会での国政政党の協力を求めるという取引が成立し得たのである．主に国政レベルの自民党と公明党に対して働きかけが行われ，自民党執行部は大阪維新の会の協力を得るために，大阪都構想に対してしばしば好意的な姿勢を見せたが，大阪市議会の自民党議員が国政からのコントロールに従う気配はなく，具体的な成果はほとんど得られなかった．それに対して公明党との関係は，2020年の2回目の住民投票に至るまで，大阪都構想の推移に極めて大きな意味を持った．大阪市議会の公明党議員と直接交渉するよりも，国政レベルの公明党やその支持母体である創価学会に働きかけることが有効だったと考えられるのである．

　公明党は，当初大阪都構想への賛否を明確にしないながらも，大阪市における教育行政基本条例や職員基本条例など，橋下や大阪維新の会が提案する賛否の分かれる提案について交渉しながらその可決について協力してきた．2012年12月の衆議院議員総選挙でも，国政に進出した日本維新の会は公明党が候補者を擁立した選挙区で候補者を立てないなど，実質的な選挙協力が行われたという（朝日

---

12)　2019年に大阪維新の会の永藤英機が市長選挙で当選したが，永藤は選挙の時点から大阪都構想への参加を時期尚早としており，堺市がこの時点から大阪都構想に参加することはなかった．

新聞大阪社会部 2015）．しかし，2013 年 5 月に問題となった慰安婦問題についての発言は，橋下の人気に陰りを生じさせるとともに，公明党の支持層に不快感を抱かせた．さらに，先にも触れた 2013 年 9 月の堺市長選挙で，公明党は大阪都構想反対の立場から立候補した現職の竹山修身堺市長を支持して勝利し，その後公明党は市議会を中心に反対の立場を明確にする（北村 2017）．公明党の支持がない中で，2014 年 1 月に特別区設置協定書を協議する特別区設置協議会での大阪維新の会の提案は否決され，大阪維新の会と公明党の対立は激しいものとなる．

橋下は，2014 年 3 月に自らの正統性を訴えて出直し選挙を実施し，それを根拠に特別区設置協議会の構成を変えるなど，強引と批判されるような運営を行って協定書を完成させることができたが，それでも公明党の反対を覆すことができなかった．2014 年 10 月に，自民党・公明党などの反対によって協定書案は否決されるのである．そのような中で，橋下は，国政選挙が実施される場合には自分と松井が大阪市長・大阪府知事を辞職して立候補することも含め，公明党が候補者を立てる選挙区に大阪維新の会の候補者を擁立するという脅しをかけ続ける（北村 2017）．最終的に 12 月に総選挙が行われることになった直後，橋下は自らが衆議院議員総選挙に立候補せず，公明党候補者に対立候補を立てないことを表明し，脅しはブラフ（虚勢）であったかと思われた．しかし，大阪維新の会は，菅義偉官房長官を通じて創価学会へと働きかけており，選挙後の 12 月末に，創価学会主導で急転直下公明党が「住民投票の実施は賛成するが，大阪都構想には反対」へと立場を変更する（朝日新聞大阪社会部 2015: 162-168）．橋下と大阪維新の会が国政で候補者を擁立することが，公明党に対する「有効な脅し」となったのである（北村 2017）．

その後，創価学会と国政レベルの公明党は大阪都構想に対して中立的な立場をとろうとするものの，大阪市議会の公明党は徐々に反

対の立場を明らかにし，1回目の住民投票は反対の立場に立って運動する．2015年11月の府知事・市長選挙で大阪維新の会が勝利し，再度大阪都構想への挑戦を表明した後は，国政選挙での協力と引き換えに住民投票の実施を容認する「密約」を結びつつも（朝日新聞大阪社会部 2019: 44–54），最終的に大阪市議会を中心に公明党は大阪維新の会に対抗する立場を取った．それを受けて2019年4月に大阪府知事・大阪市長・大阪府議会・大阪市議会の選挙が同日で行われた統一地方選挙でも，公明党は大阪維新の会に対抗した知事・市長候補を支援した．しかし，統一地方選挙で大阪維新の会が大勝し，大阪市議会ですらあと2議席で過半数というところまで迫る中で，新たに大阪市長になった松井と，府知事になった吉村洋文は，公明党に対して以前と同様に国政選挙で対立候補を擁立するという脅しをかけた（朝日新聞大阪社会部 2019: 155）．これに対して，公明党の国会議員や大阪府議，そして創価学会が宥和的な姿勢に転じることになり，早くも5月には，今度は住民投票実施への賛成だけでなく，住民サービスの維持などの条件付きでの大阪都構想賛成まで合意することになったのである．

3 ｜ 静かな制度変化

3.1 対立軸の明確化と政党の組織化

　2008年2月に大阪府知事に就任して以降，橋下は有権者の強い支持を背景として，既得権益を持つとされる対象——具体的には地方議員や公務員，教員など——に切り込む財政改革や教育改革に力を注いだ．さらに，水道事業やWTCビルなど，それまでの大阪の分裂した意思決定がもたらした弊害に対する批判を強めていく．このような，有権者の現状維持に対する批判を背景として支持を拡大

しようとする手法は，橋下に限らず1990年代以降の「改革派」の知事たちが一般的に用いてきた手法でもあった（砂原 2011）．

　橋下が以前の知事たちと異なるところは，地方議会での多数派形成に成功していくことである．従来の「改革派」は，地方議会を批判するものの，地方議会で多数派を形成することはそれほど試みられていない．支持を動員するための主要な手段は，橋下自身もWTCビル問題のときに言及した「出直し選挙」であり，いわば有権者の支持で議会を包囲することが重要とされた．それに対して，橋下は，WTCビル問題によって分裂した自民党の一部と合流し，有権者に対して「維新か，反・維新か」という選択を迫りながら勢力を拡大していく．その嚆矢となったのは大阪市の福島区・生野区での補欠選挙であり（砂原 2013），その選挙での強さに脅威を感じた現職議員から大阪維新の会へと合流していく現象が観察された（飯田 2016）．

　大阪維新の会が成長していく過程で強調すべきは，単に長が議会の現状維持を批判するだけではなく，長と議員を含めた政党が，自分たちに大阪という地域の代表者としての性格付けを与えることに成功したと考えられることである（善教 2018, 2021）．従来の分裂した意思決定のもとでは，地方議員はもとより知事・市長も，それぞれの地方政府の利益を主張する傾向が強かった．大阪の文脈で言えば，同じ大阪という大都市地域を管轄するにもかかわらず，大阪府・大阪市が異なる地方政府として，異なる利益を主張することを意味する．大阪維新の会が大阪都構想を最重要の政策として分裂した意思決定を批判し大阪全体の利益を強調することで地方議員に対して規律を与えて組織化を進める一方で，それ以外の政党は，地方議員に対して十分な規律を与えることが困難で，実質的に分裂した意思決定を容認すると理解されたのである[13]．

　とはいえ，大阪維新の会は，政党による統合を示しつつも，その

限界も明らかにしている．強い一体性を誇っていた大阪維新の会といえども，常に議員が政党に従うわけではないのである．その最も重要なケースは，2013年末から大阪府議会で議論になった，大阪南部を走る泉北高速鉄道を運営する第3セクターの株式売却問題だろう．松井知事・橋下市長といった大阪維新の会の執行部は，当初アメリカの投資ファンドであるローンスターに対して優先交渉権を認めたが，南海電鉄との乗り継ぎ運賃の値下げ額が，入札に敗れた南海電鉄よりも低く，鉄道沿線の選出議員や地方政府が反発したのである．結局，大阪市住吉区，堺市中区・南区，高石市，といったこの鉄道路線に近い議員たちが執行部の提案に反対し，議案自体が否決されることになった．地域の選挙区から選出される議員たちにとっては，いくら大阪府全域でメリットがあるとしても，地元の利益と正面から対立すると受け入れることはできないのである．

　また，大阪市議会でも，水道事業の統合という争点をめぐって，同じような現象が見られた．2011年のダブル選挙を経て，橋下が大阪市長に転身してからも大阪府と大阪市の水道事業の統合が議論されてきたが，2013年夏に行われた統合の議論では，府下市町村の3分の2の賛成があれば大阪市の水道料金も値上げできる可能性があることに対して，大阪市議会が反発して挫折した．このとき，自民党や公明党などの政党は，まさに「安い水道料金」という大阪市の地域住民の利益を重視していたが，大阪維新の会も最終的には市長の提案に賛成したものの，途中段階では態度を保留して，住民の負担増には慎重な姿勢を見せていたのである[14]．その後，橋下のいわゆる従軍慰安婦問題についての発言が社会問題化したことも

---

13)　しばしば批判される，1回目の住民投票の後に設置され，府と市の合意が困難であった「大阪戦略調整会議（大阪会議）」の失敗は，まさに分裂した意思決定を顕在化させたものでもある．

14)　たとえば毎日新聞2013年5月21日．

あって求心力が一時的に低下し，離党した議員も現れた．

　これらの事例は，橋下の人気と，その効果を増幅する傾向を持つ大阪府議会選挙制度の助けがあってもなお，地方議員には強い個人化の傾向，あるいは広域的な利益からの遠心化が働いていたことを示すものであると考えられる．そのような中で，大きな人気を誇っていた橋下が，2015年の住民投票での敗北によって市長職を辞任し，政治から引退した．大阪市長の後継となった吉村が「もしも住民投票で敗れて橋下市長が引退すれば，維新の党は求心力がなくなり徐々に消滅していく」（朝日新聞大阪社会部 2015: 20）と懸念するほどに影響力が大きく，実際に国政政党としての維新の会は消滅した．しかし，地方政党としての大阪維新の会は存続し，2回目の住民投票にこぎつけるに至った．以下では，橋下がいなくても大阪維新の会が強さを維持した原因として，同日選挙と府議会を中心とした定数削減・区割り変更の影響を指摘する．

3.2　同日選挙

　まず挙げられるのは，繰り返された同日選挙である．2011年の大阪府知事・大阪市長（松井・橋下）選挙以来，2015年（松井・吉村），2019年（吉村・松井）と，大阪維新の会は候補者を変えながら2つの選挙を同じタイミングで実施してきた．大阪維新の会は，政権を握ることで，「維新か，反・維新か」という選択を「政権を選ぶか，反対派を選ぶか」という形で改めて有権者に問うことになっていた．

　政権に反対する勢力にとって，非常に難しい状況をもたらしているのは，またもや地方議会の選挙制度である．これまでに述べてきたように，単記非移譲式投票は個別的利益を志向する地方議員を選出することで，地方政府の長が改革へのリーダーシップを発揮することを阻む傾向のある制度であるという性格が強い．ところが，同

日選挙が続く大阪の状況を考えると，政権に反対する勢力の結集を阻害しやすい制度としての性格が強くなると考えられる．なぜなら，大阪府知事・大阪市長に大阪府議会，さらには衆議院議員総選挙という主要な選挙が小選挙区制に近い選挙制度で行われ，大阪維新の会は全ての選挙でいわば大阪の政権政党として候補を擁立できるのに対して，それ以外の政党は単記非移譲式投票で実施される大阪市議会における政党間競争という潜在的な対立を抱えながら，「反・維新」の連合を模索しなくてはならないからである．

　それに対して，大阪維新の会の側は，政権政党というアドバンテージを持ち，反対陣営としては望ましくないと批判があるとしても，自らの実績を掲げて選挙で戦いやすい．この場合は，とりわけ大阪における代表として，「二重行政」（＝分裂した意思決定）を回避した政権運営をアピールし，さらに大阪都構想の実現を目指すということで，大阪維新の会に対抗する勢力との差異を強調することができた．もちろん，大阪維新の会内部においても，大阪市議会の選挙制度が生み出す政党内競争を潜在的に抱えてはいるが，他の政党と比べると候補者が「大阪維新」というラベルに強く依存しているために，選挙の前に決定的に政党の方針に逆らうようなことは難しい．橋下がいなくなって求心力が弱まったとしても，議員たちがラベルなしで個人の名前だけでは戦えないということを理解していれば，最終的にまとまることは不可能ではないのである．

　批判を受けながらも行われた2019年の「クロス選挙」は，そのような同日選挙の特徴が発揮されたものであったと考えられる．大阪維新の会で，大阪府知事であった松井が市長選挙に立候補し，大阪市長であった吉村が知事選挙に立候補したことは，公職の私物化であると批判される一方で，この2つの公職が同じ政党内で代替可能であり，ともに大阪維新の会という政党の決定を進めるために機能するものであるという理解を示すものでもあった．大阪維新の会

は，知事と市長だけでなく，府議会・市議会も含めた横断的な政策パッケージを強調し，「二重行政」「民営化」「大阪の成長戦略」「大阪万博誘致」「大阪都構想」という有権者に響くとされる単語と具体的な使用例を含めて，どのように有権者に働きかけるかの統一的な方針を共有していたという（朝日新聞大阪社会部 2019: 126–129）．それを用いて，当初劣勢とされていた大阪市長選挙を中心として運動を行ったとされる．

　それに対する反維新陣営は，自民党が主導するかたちで，1回目の住民投票で知名度を上げて 2015 年のダブル選挙にも立候補した柳本顕を市長候補に，元大阪府副知事で橋下・松井を支えた小西禎一を知事候補として擁立した．住民投票での大阪都構想の否決をリードした柳本と実務的な知識を持つ小西の組み合わせは説得力のあるもので，それに加えて 2011 年・2015 年の同日選挙では自主投票としてきた公明党も含め，「反大阪都構想」という一点で結集した大阪維新の会以外の政党の支援を得ることで，「過去最強の維新包囲網」（朝日新聞大阪社会部 2019: 117）を築いたかに見えた．しかし，これらの政党はもともと大阪市議会選挙で競争しているうえに，大阪維新の会から自民党・公明党と立憲民主党や共産党まで含めた野合という批判が行われ，とりわけ自民党の国会議員などが共産党との協調を内部から批判することで，十分な協力関係を築くことはできなかった[15]．結果として，大阪府知事・市長選挙で吉村・松井が大勝しただけではなく，表 7–2 で示したように大阪府議会・大阪市議会でも大阪維新の会がかつてない勝利を収めることになったのである．

15）　大阪維新の会は実際に「自共連合」という批判を行った．しかし，この批判が有権者の投票行動には必ずしも大きな効果を挙げたわけではないという指摘がある（善教 2021）．

3.3　定数削減と区割りの変更

　次に指摘するのは，大阪府議会における選挙制度の変更である[16]．2011 年の統一地方選挙が終わり，新たな議会が開会された直後，大阪維新の会は議員定数を 109 から 88 に削減する条例改正案を提案した．88 という数字は，大阪府の人口約 880 万人をもとに「人口 10 万人あたり議員 1 人」を適当なものとして算出したものであるとされる．大阪維新の会は以前も同様の提案を行っていたが，他の政党の反発で否決されていた．しかし，2011 年の統一地方選挙で府議会の過半数を得たことで，大阪維新の会はより強硬な立場を取ることが可能になっていたのである．個別的利益を重視する通常の地方議員にとっては受け入れられないような提案だが，過半数を掌握する大阪維新の会は，自分たちにとって利益になると考えられるようなかたちで，これを可決したのである[17]．

　この提案では，議員数を 21 減らす方法として，(1) 最も議員 1 人当たりの人口が少ないところから順番に，(2) それ以上減らせない定数 1 の選挙区以外から，定数をひとつずつ減らしている（表 7-3）．定数 1 の選挙区は，すでに存在する 33 の選挙区に加えて 15 区増えた 48 区で，定数 88 の半分以上を占めることになり，埼玉県を抜いて最も定数 1 の選挙区が多い地方議会となった．他方で 21 あった定数 2 の選挙区は 7 区に，定数 3 以上の選挙区は 8 区から 7 区へと変わることになった．その結果，生野区選挙区のように，有権者人口は堺市東区および美原区選挙区や堺市中区選挙区などと比べて少ないのに選出議員数が多い，といった逆転現象の解消にはつながることになったが，もともと定数 1 である選挙区は議席を減らす

---

16)　この節の内容は，著者が以前に行った分析に基づいている（砂原 2015）．

17)　反対に最もダメージが大きくなると考えられた公明党は，府議会での議決をめぐって，議場の封鎖まで行って反対しようとした．

表 7-3　大阪維新の会提案による選挙区定数の変更（2011 年 5 月）

定数 2→1	生野区，西成区，大東市，松原市，門真市，住之江区，東住吉区，堺市西区，守口市，堺市堺区，堺市北区，住吉区，富田林市＋南河内郡，堺市南区，箕面市＋豊能郡
定数 3→2	寝屋川市
定数 4→3	吹田市
定数 5→4	高槻市＋三島郡，豊中市，枚方市
定数 6→5	東大阪市

出典：筆者作成

　ことができないため，定数不均衡はかなり悪化した．

　2013 年 12 月に国会で公職選挙法が改正されたことで，この改正条例が 1 度も施行されてはいないうちに，区割りの見直しが再度争点となる．公職選挙法の改正は，従来基本的に郡と市（特別区・政令指定都市の行政区含む）の区域によるとされていた都道府県議会の選挙区について，郡という単位を考える必要がなくなり市（特別区を含む）の区域を基本とすることとされた．さらに，政令指定都市について市を少なくとも 2 つ以上の選挙区に分ければ行政区を自由に合区できるということになった．大阪市を構成する行政区の中には，浪速区や天王寺区など人口が相対的に少ないところがあり，選挙区を再編する可能性が生まれたのである[18]．

　当初大阪府議会では，泉南郡の飛び地への対処が議論された程度であり，本格的な改正は見送られる公算が強かった．しかし，直後の 2014 年 3 月に橋下市長の「出直し選挙」で大阪維新の会とその他の政党の対立が激化する中で，選挙区割りも争点となっていく．泉南郡の飛び地解消だけを提案する大阪維新の会に対して，他の政党は定数不均衡を理由として，1 人区を解消して合区を進めること

---

18)　従来の公職選挙法のもとでも議員 1 人当たりの人口が少ない区では合区ができたはずだが，20 の政令市の中でそれをやっていたのは人口が少なすぎて強制合区になっていた堺市美原区と東区だけである．

を主張したのである．このうち自民党の主張は，定数1を与えられている小規模な選挙区を合区して，定数2の選挙区を増やすというものである．公明党と民主党は62の選挙区のうち23の選挙区を合区して1人区を6つのみとしたうえで，衆議院総選挙の選挙区とある程度重ねるかたちで定数を2から5程度で配分する──これは大阪市議会の選挙制度に近くなる──ことを提案していた[19]．

　各政党の主張は，それぞれの戦略と強くリンクしている．大阪維新の会は定数の小さい選挙区で「維新か，反・維新か」を有権者に問うことを狙い，民主党や公明党は大阪市議会と同様に中小政党が議席を獲得できる程度の選挙区定数を志向した．自民党は中間的な提案だが，1人区の合区が中心となっている点で非常に戦略的である．当時，1人区の多くは2011年統一地方選挙で勝った大阪維新の会の議員で占められていた．そのため，1人区を合区すると，大阪維新の会の議員同士のつぶし合いが生じることになる．自民党としては，その中で大阪維新の会から離れて自民党の支持を得ようとする議員を自陣営に引き込むことも想定できたのである[20]．結局，民主党・公明党，そして共産党も，定数不均衡の是正を理由に自民党の提案に同調するようになる．

　2011年の条例改正では，過半数を掌握する大阪維新の会が，強行採決を行って可決したが，2014年には同じ手法を取ることができなかった．なぜならすでに述べた泉北高速鉄道の株式売却問題で，大阪市住吉区・堺市中区・南区・高石市といった選挙区から選出さ

---

19) なお民主党と公明党の違いは，最後に余った2議席を振り分けるかどうかというところである．公明党は振り分けて，民主党はさらなる定数削減を主張した．

20) 実際，合区の対象となった選挙区では，大阪市議会選挙・枚方市長・大阪狭山市長選挙へと転出した議員のほか，立候補を取りやめた議員が2人，自民党から立候補した議員が2人（藤井寺市・泉南市）と無所属から立候補した議員が1人（大東市）いる．

れた4名の議員たちが造反して除名され，府議会での過半数を失っていたからである．大阪維新の会は，これらの議員を再度取り込むことはできず，自民党の提案がこの4議員と共産党も含めた議員たちによって可決されることになった．

このように，偶然の要素も多分に含まれるが，大阪では2015年の府議会議員選挙を見据えて，選挙区の区割りが政治的な有利・不利と密接に結びつき，幅広い合意ではなく多数によって可決される状況になっていた．当初は，過半数を握る大阪維新の会が定数削減と合わせて自らの議席最大化につながるような制度変更を提案し，実際に決定した．その後，国政レベルでの公職選挙法改正と大阪維新の会が過半数を失うこととが相まって，新たな自民党案が可決されることになり，ある程度は修正されることになった．しかし，大きく定数削減をしたことは，大阪維新の会にとって有利な状況を長期的に生み出すものになったのである．

4 | 住民投票というハードル

ここまで述べてきたように，大阪維新の会は，地域的な課題の解決を図る政党としての統合を維持し，分裂した意思決定を克服することを目指す大阪都構想の協定書を大阪府・大阪市で可決させて住民投票の実施を実現した．その政治手法についてさまざまな批判はあるが，政治制度によって生み出される困難を乗り越えて，関係する地方政府での意思を統一したことは，日本の地方政治の歴史において特筆すべき出来事であると考えられる．最後のハードルは，大都市地域特別区設置法で規定された，法的拘束力を持つ拒否権が発動する住民投票であった．

言うまでもなく，大阪都構想は大阪維新の会にとって中核的な提案であり，分裂した意思決定を克服するための大阪都構想こそが，

地方選挙において有権者に対して「維新か，反・維新か」を迫ると
きのポイントになってきた．「ワン大阪」を標榜する大阪都構想の
内容のみならず，関係する知事・市長・地方議員が政党の中で規律
を与えられること自体が，分裂した意思決定を克服しうることの傍
証であったと考えられる．そして，2019 年の「クロス選挙」に典
型的に表れたように，大阪維新の会に対抗する政党は，「反・維新」
という以外に協力する理由が明確でなく，野合という批判を受ける
中で協力関係を維持することが難しい状況に陥った．「反・維新」
であるほかに，大都市大阪についての実質的な提案が明らかになら
ないと，有権者にとっても，その投票がどのような帰結に結びつく
のかを予想するのが難しくなる．

　そのような通常の地方選挙に対して，住民投票は異なる性格を持
っていた．それは「反対」が明確に現状維持の実現と結びついてい
たということである[21]．反対する各政党が，大阪の将来方針につい
て合意できていないとしても，現状が維持されることは明らかなの
である．選ばれた政治家が何をするのか予想するのが難しい地方選
挙よりも，拒否権を行使したときの帰結が明確である住民投票の方
が，有権者としても「反・維新」に投票しやすくなると考えられる．

21）　仮説的ではあるが，このような傾向は 1 回目の住民投票のほうがより強
　　　かったと考えられる．2 つの住民投票を最終的に可能にしたのは，いずれ
　　　も公明党の賛成だが，この 2 回で公明党の立場は大きく異なり，住民投票
　　　の性格を変えた．2015 年の公明党は，「住民投票の実施は賛成するが，大
　　　阪都構想には反対」という立場を取り，いわば最終的な判断を有権者に丸
　　　投げする姿勢を見せた．このような姿勢は，政治家が決めたものを有権者
　　　が認めるかどうかというレファレンダムの位置づけを揺るがすものともな
　　　りうる．それに対して 2020 年には，公明党も大阪都構想自体に賛成した
　　　ことで，政治家が決めたことに対して有権者が明確に拒否の意思を示した
　　　ことになった．どの程度の違いになるかを評価することは困難だが，前者
　　　では「維新か，反・維新か」がより強調され，後者では大阪都構想自体の
　　　評価がより前面に出るように思われる．

2回の住民投票は2回とも非常に僅差の結果であり，何が否決の決定的な要因であったかを論じるのは難しい．しかし，その中で重要なことは，善教将大が示してきたように，地方選挙の「維新か，反・維新か」という選択では大阪維新の会を選ぶにもかかわらず，大阪都構想の賛否では反対を表明する有権者が少なくなかったことである（善教 2018, 2021）．大阪維新の会という政党を明確に支持する人々の多くは大阪都構想にも賛成したと考えられるが（特別区協議会 2016: 306），明確な政党支持を持たずに大阪維新の会へと投票してきた「弱い支持」の人々が，通常の地方選挙とは異なる判断を行ったと考えられるのである．

　このような大阪市民の判断を，善教が論じるように，批判的志向性に支えられた合理的な判断として理解することは妥当だろう．しかし本書の議論を踏まえれば，この住民投票が分裂した意思決定を生み出す地方制度を前提に行われたことを無視できない．そこでは民意を集約する機能を持つ選挙と長期的な決定に関わる住民投票が同列に扱われる．地域的な政党によって積み重ねられてきた決定についての最終的な承認というよりも，通常の選挙とは独立して住民投票が行われるために，その時々の判断が可能になるのである．

　1回目の住民投票で敗れた大阪維新の会が，2回目に挑戦したのも，同じ論理の裏側で理解できる．つまり，1回目の住民投票という独立した判断で，大阪維新の会＝大阪都構想が支持を落としたものの，その後の選挙で支持を回復したことで大阪都構想に再度挑戦することができるというのである．しかし，最終的に否決に至ったのは，逆説的だが，大阪維新の会がそれまでに分裂した意思決定の克服にある程度成功してきたからではないか．大阪維新の会は，大阪府知事・大阪市長・大阪府議会での優位を軸に，大阪府と大阪市という行政機構の外側での政策や利害の調整を可能にしてきた．分裂した意思決定のもとでは対立を招く広域での調整を，それを可能

にする政党への支持へと昇華させたその状況は，大阪都構想という提案の必要性・正統性を奪うことになった部分があると考えられる．

得られた知見

　2度にわたる大阪都構想の住民投票への過程から明らかなことは，大阪という大都市圏において分裂した意思決定を克服するという個別の政策以前の政策——メタ政策あるいは制度——への支持が長く続いてきたこと，そして大阪維新の会が，大阪府における定数の小さい選挙区という所与の選挙制度を活用することで，支持の受け皿となり続けてきたことである．大阪維新の会は，この選挙制度を活かして政党の組織化を進めるだけではなく，同日選挙や区割りの変更という制度への働きかけによって，得られる利益をさらに増やすことに成功したと考えられる．

　大阪維新の会が結成されてから10年以上，分裂した意思決定の克服は大阪の政治において主要な争点であり，一定の支持を得続けてきた．もし住民投票が可決され，大阪都構想が実現していれば，「中核市並みの権限をもつ特別区」は選挙区定数が多い単記非移譲式投票の選挙制度で行われ，また，特別区を選挙区とする大阪府議会選挙の選挙区定数も大きくなっていただろう．本章の分析を踏まえれば，そのとき，大阪維新の会が主張してきた分裂した意思決定の克服が可能になっていたかどうかはわからない．しかし，現在も残り続けているのは，府市の政権をともに握る大阪維新の会にとって有利な選挙制度である．この状況で他の政党などが敢えて分裂した意思決定が望ましいとか，大阪維新の会よりもうまく分裂した意思決定の克服ができるなどして支持を集めることは難しいように見える．

　大阪都構想の住民投票に特徴的なことは，第5章・第6章で議論

してきたその他の住民投票と同じく，それが非常に戦略的・道具的に利用されているということである．大阪の場合はさらに，選挙制度についても同じように考えることができるだろう．つまり，長期的に政府間の関係を規律したり，政党間の競争を規定したりする制度が，政治家の任期ごとに評価される政策と同じような平面で扱われているということである．住民投票を含めたそれぞれの選挙が，大阪で政権を握る大阪維新の会の評価に還元され，その時々の自由な解釈を許しているのである．これは，大阪維新の会という地方政党が成立・存続し得ても，地域的な政党政治が成り立っているわけではないことを意味すると考えられる．

終　章 | 分裂した意思決定の克服に向けて

本書は何を明らかにしたか

　本書では，政治制度に注目しながら，都市圏が広がり必ずしも地方政府の領域と都市圏の領域が一致しない中で，地方政府が自らの領域を超えた課題にどのように対応するかについて議論してきた．先行研究における集合行為アプローチの説明は，協力や連携が生じにくいという点で，分裂した意思決定によって特徴づけられる日本の地方政府の政府間関係について整合的に説明することができると考えられる．そのような説明を踏まえたうえで，本書では，地方分権改革を通じて国と地方の関係が変化しつつあることで浮上する問題点として，都市の中心をめぐる競争と住民投票による民意の表出という論点について検討し，分裂した意思決定のもとにおいて，これらが都市の活力や決定の安定性を損なう懸念があることを論じてきた．

　地方分権の主張では，それぞれの地方政府の領域の中で住民の受益と負担を一致させて，地方政府が意思決定を行うことが強調される．「足による投票」のような古典的な地方財政競争の理論では，個々の地方政府が独自にサービスの水準とそのための負担を設定することで，人々が地方政府を超えた移動を行い，それが効率を高めることが論じられる（Tiebout 1956; Oates 1998）．その点に注目すれば，地方政府が分裂した意思決定を行うことには，望ましい側面があると主張することもできる（Henderson 2015; Teles 2016）．しかしながら，地方財政競争の理論が発展する中で示されているように，

税を払う人々や企業が地方政府を超えて移動することで競争が起きるような場合には，過度な税率の切り下げなどで政府の政策決定を歪めると考えられる（松本 2014）．

　本書の分析から示唆されるのは，地方政府の分裂した意思決定は競争を通じて望ましい状態をもたらすというよりも，レベルの異なる地方政府を含めて，複数の地方政府が限りある資源をめぐって競争することで，都市の成長が阻害される可能性があるということである．地方政府は，それぞれに中心を持ち，発展を志向しようとするが，県庁所在市のような重要な都市の中心は，基礎的な単位である市だけでなく，府県やその背後にある国の影響を受けることになる．市の経済活動によって生み出された資源は，都市の中心に再投資されるだけではなく，府県さらには国という異なるレベルの政府を通じて郊外へと流れていく．府県と市という地方政府が，いずれも同じ都市のもとにあっても，それぞれの都市に対する働きかけが必ずしも一致するわけではない．そして，都市が広がることで関係する地方政府が増えていけばいくほど，そのような分裂がもたらす困難は広がっていくと考えられるのである．

　地方政府の領域を広げることになる合併は，個々の地方政府を超える問題についての分裂した意思決定を内部に取り込むことによる解決であったと考えられる．しかし，合併が必ず都市の中心の重視につながるとは限らない．分裂した意思決定は地方政府の内部に持ち込まれ，都市を発展させるような投資と郊外地域の生活基盤の構築のどちらを優先するか，といったような困難な選択を迫られることになる．地方政府としての共通の目的を一体的に追求するのが困難な政治制度であり，かつ，都市が発展するための投資よりも郊外の生活基盤の充実の方が国からの支援を受けやすいような状況のもとで，都市の活力は少しずつ削られていくと考えられる．分裂した意思決定を単一の地方政府に取り込むことが解決につながるという

わけではなく，周辺地域も含んで過大な規模の地方政府を形成することが，都市の成長の制約となる可能性もある．

　住民投票は，地方分権が進む中で，それまでしばしば無視されてきた住民の意思を反映する直接民主主義的な手法とみなされている．住民の意思が直接問われるからこそ，複数の地方政府による分裂した意思決定を最終的に統合することも期待される．そのような住民投票に対しては，「有権者である住民が内容を十分に理解していない」「利益集団が金銭を使って争点をコントロールできる」「少数派の利益が抑圧されてしまう」などといった批判がなされることもある．しかし，海外の研究でも，実証的な裏付けを持って，そのような批判が必ずしも当たらないことも示されている（Lupia and Matsusaka 2004; Matsusaka 2020）．そこで重要なのは住民投票それ自体だけではなく，これまでに行われてきた意思決定プロセスとの関係で住民投票の意義や機能を考えることである（Hug 2009; Topaloff 2017; 空井 2020）．

　分裂した意思決定の中での住民投票がどのように取り扱われるかという点を問うてきた本書の分析は，まさに意思決定のプロセスの中での住民投票の位置付けについての含意を持つものである．本書の分析が示唆する暫定的な結論は，日本の地方政府において，住民投票で最終的な決着をつけることを期待するのは，現時点では困難ではないかというものである．空間的に地方政府の領域を超えた意思決定が難しい中で，特定の地方政府における住民の意思のみを強調する住民投票は，分裂した意思決定をより深刻なものにする．長や地方議会の選挙，その解職請求，住民投票といったかたちで，何度も何度も民意の（再）集計を可能にすることで，それぞれの結果が文脈に依存して自由に解釈されることになるからである．似たような，しかし異なる投票に対して異なる結果が与えられることで，時間的にも分裂をもたらすことが懸念される．

本書で論じたように住民投票が政治過程の中で戦略的・道具的に利用されることは，地方政府における日常的な意思決定と，住民投票による特殊な，本来は超党派的であることが求められるような意思決定が，未分化であることを意味すると考えられる．日常的な意思決定を担うリーダーへの支持と，重要な争点に対する賛否を明確に区別することができないために，「直近の民意」を誰が獲得するかという近視眼的な発想が強まり，住民投票も党派的に実施されてしまうのである[1]．大阪都構想をめぐる住民投票，特にその 1 回目はまさに典型だろう．そして，合併をめぐる住民投票をはじめ，その他の住民投票であっても，しばしば党派的に行われるために，住民投票の結果が必ず最終的な決着とみなされるわけではない．その多数派の規模が過半数を超えても十分に大きいわけでなければ，長や地方議会による裁量の余地が認められる傾向を持つのである．

都市政治の再構築

　本書の議論は，仮に地方政府と都市圏の範囲が一致し，その中で受益と負担のバランスが取れるとすれば問題にならないかもしれない．実際，都市が特殊な地域として拡大していく局面であれば，膨張する郊外の成長を取り込み意思決定のユニットである地方政府を合併というかたちで拡大することは，それほど難しい対応ではなかったと考えられる．しかし，現在のように地方政府と都市圏の乖離が大きくなり，かつ原発や基地のように広域に影響を与える意思決定の重要性が増すようになる中で，地方政府の枠組みを作り変えるには大きな困難が伴う．いかに地方政府の境界が可変的だからとい

　1）　反対に，政策についての住民投票の代わりに解職請求を利用するという傾向も指摘されている（Okamoto and Serdült 2020）.

って，都市の範囲を改めて確定し，それに合わせて地方政府の新たな合併・分離を行うのは，取引費用が大きすぎる対応であり，現実的とは言い難い．

　地方政府の再編が困難であるとすれば，やはり現状の地方政府を前提として，より柔軟な連携を可能とするようなしくみを創り出すことが求められる．例えば，他の OECD 諸国の都市と比べて大都市圏内の地方政府間の調整メカニズムに乏しいことがすでに指摘されていることを踏まえて（Ahrend and Schumann 2014），大都市圏での複数の地方政府が関わる意思決定機構を作ることは考えられるだろう．とはいえ，一部事務組合や広域連合など，利用しようと思えば可能な制度が存在する中で，現実には日本において地方政府間の連携は十分進まずに，分裂した意思決定が維持される状態となっている．

　2010 年代には，連携中枢都市圏構想や定住自立圏構想が打ち出され，それまでよりも柔軟に地方政府間の連携を行うことも模索されている．特に連携中枢都市圏構想は，政令指定都市・中核市が近隣市町村と包括的に協定を結びながら都市圏での連携を可能にするものであり，国からの交付金を利用しながら連携を進めている事例もある．しかし，交付金が促す連携は，集合行為アプローチの観点からすれば，それなしに本来は形成され得なかった期待利益の低い連携を促している可能性もある．地方政府間の連携を進めている国々の経験を見るならば，国のような上位の政府に資源不足を補うことを求めるのではなく，地方政府同士の協力によって問題解決を行うことをどのように促すかが問題になると考えられる．

　本書の分析は，既存の政治制度を前提とした新たな連携の制度だけではなく，地方政府を動かすより基層的な制度こそが検討されるべきであることを示唆している．地方政府内の対立を緩和し，地方政府間の競争を緩めるような制度であり，具体的には長や地方議会

を選び出す選挙制度が中心的な論点となるだろう．現在のように，都市圏内の複数の地方政府，あるいは同じ地方政府の中でも都心と郊外が競争的な存在となるような選挙制度・地方制度は，地方政府の領域を超える問題を扱うのに望ましいとは言えない．利害関係者を巻き込みながら，特定の地方政府を超えて都市（圏）全体としての方向性を議論できるような複数の組織やネットワーク——とりわけ都市圏レベルの問題意識で結合する政党——の存在を認めるとともに，それが強靭な組織となるように育むことができる政治制度の整備が，現代的な都市問題への対応になると考えられる．

　基幹的な制度を検討することは，住民投票という新たな直接民主主義の制度をどのように組み込んでいくかということとも極めて密接に関連する．本書で述べてきたように，分裂した意思決定を前提とするからこそ，「直近の民意」をめぐって住民投票が戦略的・道具的に利用される余地が生まれてしまう．住民投票を，長と地方議会が行う現状を大きく変更するような意思決定——原発や基地の誘致，合併などの領域の再編といった争点は当然含まれるだろう——に対する拒否権の行使というレファレンダムとして位置付けるならば，その前提として長と議会がある程度安定的に意思決定を行うことも求められるはずである．政権に挑戦する側が，特に長の選挙において，住民投票で最終的な判断を求められるような象徴的なシングル・イシューのみで，議会を無視した一発逆転を狙うのではなく，議会における支持を固めながらなるべく多くの人々が納得するような合意を探ることが望ましいと考えられる．このような観点からも，個々の議員が個人として有権者を代表し，議員間での協力が困難な現在の制度よりも，議員が協力して組織として有権者の支持を受ける政党を強化するような政治制度が求められる．そのうえで，仮に超党派での意思決定がなされたとしても，一定数の有権者が求めるなどの条件を満たせば[2]，議会の決定を受け入れるか拒否するかに

ついての有権者の意向を問い，関係する人々がその結果を受け入れる直接民主主義の制度，住民投票が検討されるべきだろう．

　地方における政党政治が十分に機能してこなかった日本で政党の役割を考えるとき，2010年代の大阪の経験は，正負いずれの面からも十分に検討されるべきである．大阪府と大阪市という2つの大きな地方政府の関係を中心に，分裂した意思決定を是正すべきであるという大阪都構想の主張が，大阪維新の会という地方政党によって担われ，広範な支持を受けた．大阪府・大阪市のみならず，大阪府下の市町村において，政党への評価から多くの地方議員が選出され，知事・市町村長や地方議員が組織的に行動することで，困難であると思われた大阪都構想が住民投票にまで至った．大阪都構想に目を奪われがちだが，この間に廃棄物処理を中心に大阪市と周辺市で以前よりも連携が進んだことも評価されるべきであろう．

　他方で，知事・市長・地方議会の選挙のみならず，その「出直し選挙」，さらには大阪都構想の住民投票も含めたさまざまな選挙によって，大阪維新の会は「直近の民意」による正統性を確保しようとした．共通の利益としての十分な合意形成ができていない重要な意思決定について，選挙を絶対的な根拠として実施しようとすることは，しばしば批判にさらされてきた．大阪維新の会だけではなく，国政選挙での協力と引き換えにして説明の困難な方針転換を行う公明党についても，組織としての意思決定が可能に見える政党の説明を尽くさない姿勢は，政党に対する不信感を増大させる．そして，両党のみならず，本来政党間の公平な競争のルールとなるべき選挙制度を党派的に議論し，決定しようとした姿勢は慎むべき先行事例とすべきだろう．

---

2)　たとえば賀来健輔は，現在いくつかの地方政府で採用されている常設的住民投票をモデルにすることを提案している（賀来2019）．

地方政府を動かす基層的な政治制度の鍵は，政党という組織になると考えられる．政治家個人が有権者の支持をめぐって競争し，分裂した意思決定を生み出すのではなく，地方政府の領域という空間を超えて有権者に支持を訴え，政治家個人が辞めても組織としての決定が残る政党という存在こそが，空間と時間を超えて民意に対して責任を持ちうる．翻って現在の地方自治が，しばしば改革をめぐる長と地方議会の政治ゲームのように見えるのは，その時々の政治状況に左右されにくい安定した政党が地方政治に存在しないからである．政党というと国政政党のイメージが強く，それが前面に出ると地方が従属させられるという懸念が表されるかもしれない．しかし重要なのは，それぞれの地域で，それぞれの中核的なアイディアやリーダーを擁する組織である．これまでに地方レベルの政党が存在感を持たなかった日本でも，政党の存続を許しやすい選挙制度のもとで中核的なアイディアやリーダーが現れた大阪では，大阪維新の会という地方レベルの政党が重要な機能を果たしている．その正負さまざまな経験を踏まえながら，典型的には地方議会選挙での比例代表制の導入のように，地方政治で政党が機能する余地を広げることを期待するような制度改革を検討することが急務だろう．

参考文献

浅野純一郎, 2008, 『戦前期の地方都市における近代都市計画の動向と展開』中央公論美術出版.

朝日新聞大阪社会部, 2015, 『ルポ　橋下徹』朝日新書.

──, 2019, 『ポスト橋下の時代──大阪維新はなぜ強いのか』朝日新聞出版.

阿部昌樹, 2010, 「自治体間競争と自治体間連携──日本」加茂利男・稲継裕昭・永井史男編『自治体間連携の国際比較──市町村合併を超えて』ミネルヴァ書房, 159-181.

新垣二郎, 2021, 「石垣島の地方政治（1）──自衛隊配備をめぐる自治体議会の動態」『自治総研』513：43-64.

飯田健, 2016, 「自民党大阪市会議員の大阪維新の会への鞍替えの分析──中選挙区制下の再選欲求と潜在的政策選好」『レヴァイアサン』59：80-105.

石田潤一郎, 1991, 『都道府県庁舎──その建築史的考察』思文閣出版.

──, 2011, 「再読　関西近代建築──モダンエイジの建築遺産（22）大阪府庁舎」『建築と社会』92：61-64.

市川喜崇, 2012, 『日本の中央 - 地方関係──現代型集権体制の起源と福祉国家』法律文化社.

──, 2015, 「「昭和の大合併」再訪」『自治総研』437：30-88.

伊藤修一郎, 2002, 『自治体政策過程の動態』慶應義塾大学出版会.

──, 2006, 『自治体発の政策革新』木鐸社.

稲吉晃, 2014, 『海港の政治史──明治から戦後へ』名古屋大学出版会.

今井照, 2008, 『「平成大合併」の政治学』公人社.

──, 2017, 『地方自治講義』ちくま新書.

今井一, 2000, 『住民投票──観客民主主義を超えて』岩波新書.

──編, 2021, 『住民投票の総て［第 2 版］』［国民投票／住民投票］情報室.

今村洋一, 2017, 『旧軍用地と戦後復興』中央公論美術出版.

岩﨑忠, 2012, 「大都市地域特別区設置法の制定過程と論点」『自治総研』

408：29–58.

上田道明，2003，『自治を問う住民投票──抵抗型から自治型の運動へ』自治体研究社.

───，2007，「「住民投票史」のなかの 2005 年」『佛教大学　社会学部論集』44：83–99.

打越綾子，2005，「地方分権改革と地方政治の流動化」『成城法学』74：166–142.

大阪市都市整備局営繕部，1987，『大阪市庁舎建設記録』.

岡本哲史・日本の港町研究会，2008，『港町の近代──門司・小樽・横浜・函館を読む』学芸出版社.

岡本三彦，2012，「自治体の政策過程における住民投票」『会計検査研究』45：115–128.

開沼博，2011，『「フクシマ」論──原子力ムラはなぜ生まれたのか』青土社.

賀来健輔，2019，『条例の制定又は改廃の直接請求──住民発意による政策実現の困難』日本評論社.

金井利之，2007，『自治制度』東京大学出版会.

───，2008，「「国と地方の協議の場」の成立と蹉跌」森田朗・田口一博・金井利之編『分権改革の動態』東京大学出版会，81–103.

加茂利男，2005，『世界都市──「都市再生」の時代の中で』有斐閣.

───，2010，「自治体の合併と連合──地方自治体改革の国際比較」加茂利男・稲継裕昭・永井史男編『自治体間連携の国際比較──市町村合併を超えて』ミネルヴァ書房，1–25.

川嶋広稔，2020，『大阪市会議員川嶋広稔のとことん真面目に大阪都構想の「真実」を語る！』公人の友社.

河村和徳，2008，『現代日本の地方選挙と住民意識』慶應義塾大学出版会.

北村亘，2013，『政令指定都市』中公新書.

───，2017，「実証政治分析におけるポピュリズムと合理的選択制度論──「大阪都構想」をめぐる政治 2010–2015 年」『阪大法学』67(1)：1–37.

木寺元，2012，『地方分権改革の政治学』有斐閣.

城戸英樹・中村悦大，2008，「市町村合併の環境的要因と戦略的要因」『年報行政研究』43：112–130.

木村俊介，2017，『グローバル化時代の広域連携──仏米の広域制度からの

示唆』第一法規.

——, 2019, 『広域連携の仕組み———一部事務組合・広域連合・連携協約の機動的な運用』改訂版, 第一法規.

クラーマー, スベン, 2020, 『「昭和の大合併」と住民帰属意識』九州大学出版会.

小林公夫, 2009, 「地方自治特別法の制定手続きについて——法令の制定及びその運用を中心に」『レファレンス』59(8)：59-78.

斉藤淳, 2010, 『自民党長期政権の政治経済学——利益誘導政治の自己矛盾』勁草書房.

座談会, 1969, 「大阪市庁舎の生いたちについて」『市建』24：1-31.

佐藤滋・城下町都市研究体編, 2015, 『図説　城下町都市』新版, 鹿島出版会.

佐藤滋・野中勝利, 1993, 「三島通庸の城下町改造とその後の都市骨格の形成——山形と宇都宮を事例に」『日本都市計画学会学術研究論文集』28：235-240.

佐藤俊一, 2006, 『日本広域行政の研究』成文堂.

佐藤信, 2020, 『近代日本の統治と空間——私邸・別荘・庁舎』東京大学出版会.

塩沢健一, 2004, 「住民投票と首長選挙——両者の投票結果に見られる「民意のねじれ」とは」『選挙研究』19：125-137.

——, 2009, 「「民意」は一通りではない——米軍岩国基地問題と住民投票・市長選挙」『年報政治学』2009-Ⅱ：203-224.

——, 2015, 「東京都におけるベッドタウンの地域政治と若年層の投票参加——小金井市の「ごみ問題」および小平市の住民投票を通じて」『公共選択』63：61-89.

——, 2016, 「庁舎整備の政治学——住民投票実施に至る政治過程と有権者の投票行動」『公共選択』66：100-129.

——, 2019, 「合併の「何が」問われたのか——合併特例法の規定に基づく住民投票の分析」『公共選択』72：58-83.

塩田潮, 2021, 『解剖　日本維新の会——大阪発「新型政党」の軌跡』平凡社新書.

島袋純, 2014, 『「沖縄振興体制」を問う——壊された自治とその再生に向け

て』法律文化社.

清水裕士，2014，『個人と集団のマルチレベル分析』ナカニシヤ出版.

下関市都市開発部都市計画課，1986，『下関市の都市計画』.

鈴木洋昌，2021，『広域行政と東京圏郊外の指定都市』公職研.

砂原庸介，2011，『地方政府の民主主義——財政資源の制約と地方政府の政策選択』有斐閣.

――，2012，『大阪——大都市は国家を超えるか』中公新書.

――，2013，「「大阪維新の会」による対立軸の設定——大阪府知事選，大阪市長選，大阪府議選，大阪市議選」白鳥浩編『統一地方選挙の政治学——2011年東日本大震災と地域政党の挑戦』ミネルヴァ書房，230-261.

――，2015，「選挙区割りと地方政治——大阪の事例研究」『阪大法学』65（2）：143-169.

砂原庸介，土野レオナード・ビクター賢，2013，「地方政党の台頭と地方議員候補者の選挙戦略——地方議会議員選挙公報の分析から」『レヴァイアサン』53：95-116.

善教将大，2018，『維新支持の分析——ポピュリズムか，有権者の合理性か』有斐閣.

――，2021，『大阪の選択——なぜ都構想は再び否決されたのか』有斐閣.

総務省，2010，「「平成の合併」について」https://www.gappei-archive.soumu.go.jp/heiseinogappei.pdf

曽我謙悟，2001，「地方政府と社会経済環境——日本の地方政府の政策選択」『レヴァイアサン』28：70-96.

――，2010，「都市化と一極集中の政治学——一極集中は地方分権により緩和されるのか」日本比較政治学会編『都市と政治的イノベーション』ミネルヴァ書房，89-110.

――，2016，「縮小都市をめぐる政治と行政——政治制度論による理論的検討」加茂利男・徳久恭子編『縮小都市の政治学』岩波書店，159-182.

――，2019，『日本の地方政府——1700自治体の実態と課題』中公新書.

曽我謙悟・待鳥聡史，2006，『日本の地方政治——二元代表制政府の政策選択』名古屋大学出版会.

空井護，2020，『デモクラシーの整理法』岩波新書.

高寄昇三，2003，『近代日本公営水道成立史』日本経済評論社.

―――，2010，『大阪都構想と橋下政治の検証――府県集権主義への批判』公人の友社.

田口一博，2008，「自治体間の横の連携」森田朗・田口一博・金井利之編『分権改革の動態』東京大学出版会，139-170.

武田真一郎，2004，「市町村合併をめぐる住民投票の動向と問題点」『月刊自治研』541：45-53.

建林正彦，2004，『議員行動の政治経済学』有斐閣.

田中宏樹，2013，『政府間競争の経済分析――地方自治体の戦略的相互依存の検証』勁草書房.

照屋寛之，2005，「市町村合併と住民投票：伊良部町と多良間村の住民投票の事例研究」『沖縄法学』34：123-144.

特別区協議会，2016，『「大都市地域特別区設置法」にもとづく特別区制度設計の記録』学陽書房.

中澤克佳・宮下量久，2016，『「平成の大合併」の政治経済学』勁草書房.

中澤秀雄，2005，『住民投票運動とローカルレジーム――新潟県巻町と根源的民主主義の細道，1994-2004』ハーベスト社.

成田頼明，1975，「行政における機能分担（上）」『自治研究』51(9)：17-27.

新川達郎，2015，「大都市制度改革――大都市圏地域再編の動向から」『都市とガバナンス』24：14-25.

西川雅史，2013，『財政調整制度下の地方財政――健全化への挑戦』勁草書房.

西川雅史・林正義，2006，「政府間財政関係の実証分析」『フィナンシャル・レビュー』82：197-222.

西村幸生，2018，『県都物語――47都心空間の近代をあるく』有斐閣.

野田遊，2012，「大阪都構想と自治――大阪市民の意向調査の分析から」『地域政策学ジャーナル』1(1)：61-82.

橋下徹・堺屋太一，2011，『体制維新――大阪都』文春新書.

秦正樹，Song Jaehyun，2020，「オンライン・サーベイ実験の方法――実践編」『理論と方法』35(1)：109-126.

林上，2017，『都市と港湾の地理学』風媒社.

林昌宏，2020，『地方分権化と不確実性――多重行政化した港湾整備事業』吉田書店.

原田泰，2001，『都市の魅力学』文春新書.

樋口浩一，2019，『自治体間における広域連携の研究——大阪湾フェニックス事業の成立継続要因』公人の友社.

平塚哲朗，1998，「大阪市庁舎の変遷——中之島旧庁舎の誕生」『大阪市公文書館研究紀要』10：21–60.

広田啓朗，2007，「市町村の選択行動と合併要因の検証——平成の大合併を事例として」『計画行政』30(4)：75–81.

増田壽男・今松英悦・小田清，2006，『なぜ巨大開発は破綻したか——苫小牧東部開発の検証』日本経済評論社.

町田俊彦編，2006，『「平成大合併」の財政学』公人社.

松浦健治郎，2005，「近代都市づくりにおける近世城下町の基盤を活用した官庁街の形成と都心改編」早稲田大学大学院理工学研究科博士論文.

松浦健治郎・横田嘉宏・日下部聡・浦山益郎・佐藤滋，2004，「近世城下町を基盤とする府県庁所在都市における明治・大正期の官庁街の形成と都心改編」『日本建築学会計画系論文集』581：67–74.

松沢裕作，2013，『町村合併から生まれた日本近代——明治の経験』講談社選書メチエ.

松下孝昭，2013，『軍隊を誘致せよ——陸海軍と都市形成』吉川弘文館.

松田之利・筧敏生・上村恵宏・谷口和人・所史隆・黒田隆志，2000，『岐阜県の歴史』山川出版社.

松野幸泰，1992，『遥かなる道——松野幸泰とその時代』岐阜新聞社.

松本洋幸，2020，『近代水道の政治史——明治初期から戦後復興期まで』吉田書店.

松本睦，2014，『租税競争の経済学——資本税競争と公共要素の理論』有斐閣.

丸山真央，2015，『「平成の大合併」の政治社会学」——国家のリスケーリングと地域社会』御茶の水書房.

宮﨑雅人，2018，『自治体行動の政治経済学——地方財政制度と政府間関係のダイナミズム』慶應義塾大学出版会.

村田麟太郎ほか，1996，『庁舎施設』市ヶ谷出版社.

村松岐夫，1988，『地方自治』東京大学出版会.

門司税関，2009，「門司港と門司税関の軌跡——門司税関100年の歴史」

https://www.customs.go.jp/moji/moji_history/moji_100th_anniv/moji
100nen_File/all.pdf

本康宏史，2010，「軍都金沢——権力による都市空間の再編」吉田伸之・伊
　藤毅編『伝統都市2　権力とヘゲモニー』東京大学出版会，281–292.

――，2017，「「軍都」の形成と都市基盤」中川理編『近代日本の空間編成
　史』思文閣出版，89–118.

森裕亮，2012，「基礎自治体間の事務処理連携とその課題」真山達志編『ロー
　カル・ガバメント論——地方行政のルネサンス』ミネルヴァ書房，207–
　228.

森裕之，2020，「大阪市廃止・分割後，特別区は財政破綻する」『市政研究』
　208：39–49.

森田朗・村上順編，2003，『住民投票が拓く自治——諸外国の制度と日本の
　現状』公人社.

山崎重孝，2003，「基礎的地方公共団体のあり方」『自治研究』79(10)：3–64.

山崎幹根，2006，『国土開発の時代——戦後北海道をめぐる自治と統治』東
　京大学出版会.

山田健吾，2021，「地制調の広域連携論——その論点」榊原秀訓・岡田知
　弘・白藤博行編『「公共私」・「広域」の連携と自治の課題』自治体研究社，
　153–171.

山中永之佑，1995，『近代市制と都市名望家——大阪市を事例とする考察』
　大阪大学出版会.

吉富有治，2011，『橋下徹　改革者か壊し屋か——大阪都構想のゆくえ』中
　公新書ラクレ.

『岐阜県史』通史編続・現代

『熊本市史』通史編第8巻

『下関市史　市制施行―終戦』

『下関市史　終戦―現在』

『函館市史』（デジタル版）第2巻・第3巻・第4巻（http://archives.c.fun.
　ac.jp/hakodateshishi/shishi_index.htm）

『福岡市史』第9巻昭和編続編（一）

『山形県史』第7巻現代編下

Ades, Alberto F., and Edward L. Glaeser, 1995, "Trade and Circuses: Explaining Urban Giants," *Quarterly Journal of Economics*, 110: 195–227.

Ahrend, Rudiger, and Abel Schumann, 2014, "Approaches to Metropolitan Area Governance: A Country Overview," *OECD Regional Development Working Papers*, 2014/03, OECD Publishing, Paris. https://doi.org/10.1787/5jz5j1q7s128-en

Allers, Maarten A., and J. Bieuwe Geertsema, 2016, "The Effects of Local Government Amalgamation on Public Spending, Taxation, and Service Levels: Evidence from 15 Years of Municipal Consolidation," *Journal of Regional Science*, 56: 659–682.

Allers, Maarten A., and Bernard van Ommeren, 2016, "Intermunicipal Cooperation, Municipal Amalgamation and the Price of Credit," *Local Government Studies*, 42(5): 717–738.

Andersen, O. Johan, and Jon Pierre, 2010, "Exploring the Strategic Region: Rationality, Context, and Institutional Collective Action," *Urban Affairs Review*, 46(2): 218–240.

Andrew, Simon A., 2009, "Regional Integration through Contracting Networks: An Empirical Analysis of Institutional Collective Action Framework," *Urban Affairs Review*, 44(3): 378–402.

——, 2010, "Adaptive vs. Restrictive Contracts," in Richard C. Feiock and John T. Scholz eds., *Self-Organizing Federalism: Collaborative Mechanisms to Mitigate Institutional Collective Action Dilemmas*, Cambridge University Press, 91–113.

Arnesen, Sveinung, Troy S. Broderstad, Mikael P. Johannesson, and Jonas Linde, 2019, "Conditional Legitimacy: How Turnout, Majority Size, and Outcome Affect Perceptions of Legitimacy in European Union Membership Referendums," *European Union Politics*, 20(2): 176–197.

Baldersheim, Harald, and Lawrence E. Rose, eds., 2010, *Territorial Choice: The Politics of Boundaries and Borders*, Palgrave-Macmillan.

Begg, Iain, 1999, "Cities and Competitiveness," *Urban Studies*, 36(5/6): 795–809.

Bel, Germà, and Mildred E. Warner, 2015, "Inter-Municipal Cooperation and Costs: Expectations and Evidence," *Public Administration*, 93(1): 52–67.

Berardo, Ramiro, and John T. Scholz, 2010, "Self-Organizing Policy Networks: Risk, Partner Selection, and Cooperation in Estuaries," *American Journal of Political Science*, 54(3): 632–649.

Bickers, Kenneth N., Stephanie Post, and Robert M. Stein, 2010, "The Political Market for Intergovernmental Cooperation," in Richard C. Feiock and John T. Scholz eds., *Self-Organizing Federalism: Collaborative Mechanisms to Mitigate Institutional Collective Action Dilemmas*, Cambridge University Press, 161–175.

Blesse, Sebastian, and Thushyanthan Baskaran, 2016, "Do Municipal Mergers Reduce Costs? Evidence from a German Federal State," *Regional Science and Urban Economics*, 59: 54–74.

Blom-Hansen, Jens, Kurt Houlberg, Søren Serrizlew, and Daniel Treisman, 2016, "Jurisdiction Size and Local Government Policy Expenditure: Assessing the Effect of Municipal Amalgamation," *American Political Science Review*, 110: 812–831.

Boyne, George, 2003, "Sources of Public Service Improvement: A Critical Review and Research Agenda," *Journal of Public Administration Research and Theory*, 13(3): 367–394.

Brülhart, Marius, and Federica Sbergami, 2009, "Agglomeration and Growth: Cross-Country Evidence," *Journal of Urban Economics*, 65: 48–63.

Cheshire, Paul C., and Stefano Magrini, 2006, "Population Growth in European Cities: Weather Matters – But Only Nationally," *Regional Studies*, 40(1): 23–37.

da Mata, Daniel, Uwe Deichmann, J. Vernon Henderson, Somik V. Lall, and Hyoung Gu Wang, 2007, "Determinants of City Growth in Brazil," *Journal of Urban Economics*, 62: 252–272.

Davis, James C., and J. Vernon Henderson, 2003, "Evidence on the Political Economy of the Urbanization Process," *Journal of Urban Economics*, 53: 98–125.

Denters, Bas, Michael Goldsmith, Andreas Ladner, Poul Erik Mouritzen, and Lawrence E. Rose, 2014, *Size and Local Democracy*, Edward Elgar.

Dowding, Keith, and Richard Feiock, 2012, "Intralocal Competition and Cooperation," in Peter John, Karen Mossberger, and Susan E. Clarke eds., *The Oxford Handbook of Urban Politics*, Oxford University Press, 29–51.

Dowding, Keith, Peter John, and Stephen Biggs, 1994, "Tiebout: A Survey of the Empirical Literature," *Urban Studies*, 31(4/5): 767–797.

Fedele, Marcello, and Giulio Moini, 2007, "Italy: The Changing Boundaries of Inter-Municipal Cooperation," in Rudi Hulst and Andre Montfort eds., *Inter-Municipal Cooperation in Europe*, Springer, 117–138.

Feiock, Richard C., 2007, "Rational Choice and Regional Governance," *Journal of Urban Affairs*, 29(1): 47–63.

——, 2009, "Metropolitan Governance and Institutional Collective Action," *Urban Affairs Review*, 45(3): 357–377.

——, 2013, "The Institutional Collective Action Framework," *Policy Studies Journal*, 41(3): 397–425.

Feiock, Richard C., and John Scholz, eds., 2010, *Self-Organizing Federalism: Collaborative Mechanisms to Mitigate Institutional Collective Action Dilemmas*, Cambridge University Press.

Feiock, Richard C., In Won Lee, and Hyung Jun Park, 2012, "Administrators' and Elected Officials' Collaboration Networks: Selecting Partners to Reduce Risk in Economic Development," *Public Administration Review*, 72(s1): S58–S68.

Feiock, Richard C., In Won Lee, Hyung Jun Park, and Keon-Hyung Lee, 2010, "Collaboration Networks among Local Elected Officials: Information, Commitment, and Risk Aversion," *Urban Affairs Review*, 46(2): 241–262.

Friedmann, John, 1986, "The World City Hypothesis," *Development and Change*, 17: 69–83.

Fukuda, Kosei, 2012, "Population Growth and Local Public Finance in Japanese Cities," *Applied Economics*, 44(15): 1941–1949.

Gallagher, Michael, and Pier V. Uleri, eds., 1996, *The Referendum Experience in Europe*, Macmillan.

Gamper, Anna, 2015, "Forms of Democratic Participation in Multi-Level Systems," in Cristina Fraenlel-Haeberle, Sabine Kropp, Francesco Palermo, and Karl-Peter Sommermann eds., *Citizen Participation in Multi-Level Democracies*, Brill Nijhoff, 67–84.

Gerber, Elisabeth R., and Clark C. Gibson, 2009, "Balancing Regionalism and Localism: How Institutions and Incentives Shape American Transportation Policy," *American Journal of Political Science*, 53(3): 633–648.

Gerber, Elisabeth R., Adam Douglas Henry, and Mark Lubell, 2013, "Political Homophily and Collaboration in Regional Planning Networks," *American Journal of Political Science*, 57(3): 598–610.

Glaeser, Edward L., 2011, *The Triumph of the City: How Our Greatest Invention Makes Us Richer, Smarter, Greener, Healthier, and Happier*, Penguin Press.（山形浩生訳『都市は人類最高の発明である』NTT 出版, 2012 年）

Glaeser, Edward L., Jose A. Scheinkman, and Andrei Shleifer, 1995, "Economic Growth in a Cross-Section of Cities," *Journal of Monetary Economics*, 36: 117–143.

Glazer, Amihai, and Hiroki Kondo, 2007, "Migration in Search of Good Governance," *Regional Science and Urban Economics*, 37: 703–716.

Haggard, Stephan, and Mathew D. McCubbins, eds., 2001, *Presidents, Parliaments, and Policy*, Cambridge University Press.

Hainmueller, Jens, Daniel J. Hopkins, and Teppei Yamamoto, 2014, "Causal Inference in Conjoint Analysis: Understanding Multidimensional Choices via Stated Preference Experiments," *Political Analysis*, 22(1): 1–30.

Hall, Peter G., 1966, *The World Cities*, Weidenfeld and Nicolson.

Hansen, Høgni Kalsø, and Thomas Niedomysl, 2009, "Migration of the Creative Class: Evidence from Sweden," *Journal of Economic Geography*, 9: 191–206.

Hansen, Sune W., 2014, "Common Pool Size and Project Size: An Empirical Test on Expenditures Using Danish Municipal Mergers," *Public Choice*, 159(1/2): 3–21.

Harrison, John, and Michael Hoyler, 2014, "Governing the New Metropolis," *Urban Studies*, 51(11): 2249–2266.

Henderson, Alexander C., 2015, *Municipal Shared Services and Consolidation: A Public Solutions Handbook*, Routledge.

Henderson, J. Vernon, 2003, "The Urbanization Process and Economic Growth: The So-What Question," *Journal of Economic Growth*, 8(1): 47–71.

Hirota, Haruaki, and Hideo Yunoue, 2014, "Municipal Mergers and Special Provisions of Local Council Members in Japan," *The Japanese Political Economy* 40(3/4): 96–116.

Hollander, Saskia, 2019, *The Politics of Referendum Use in European Democracies*, Palgrave Macmillan.

Hooghe, Liesbet, and Gary Marks, 2003, "Unravelling the Central State, But How? Types of Multi-Level Governance," *American Political Science Review*, 97(2): 233–243.

Hug, Simon, 2009, "Some Thoughts about Referendums, Representative Democracy, and Separation of Powers," *Constitutional Political Economy*, 20: 251–266.

Hug, Simon, and George Tsebelis, 2002, "Veto Players and Referendums around the World," *Journal of Theoretical Politics*, 14(4): 465–515.

Hulst, Rudie, and André van Montfort, eds., 2007, *Inter-Municipal Cooperation in Europe*, Springer.

Jakobsen, Morten, and Ulrik Kjaer, 2016, "Political Representation and Geographical Bias in Amalgamated Local Governments," *Local Government Studies*, 42(2): 208–227.

Jäske, Majia, 2017, "'Soft' Forms of Direct Democracy: Explaining the Occurrence of Referendum Motions and Advisory Referendums in Finish Local Government," *Swiss Political Science Review*, 23(1): 50–76.

Jones, Bryan D., 2010. "Conflict, Power, and Irreconcilable Preferences: Some Limits to Self-Organizing Mechanisms," in Richard C. Feiock and John T. Scholz eds., *Self-Organizing Federalism: Collaborative Mechanisms to Mitigate Institutional Collective Action Dilemmas*, Cambridge University Press, 73–87.

Kantor, Paul, and Hank V. Savitch, 2005, "How to Study Comparative Urban Development Politics: A Research Note," *International Journal of Urban and Regional Research*, 29(1): 135–151.

Koch, Phillippe, and Phillippe E. Rochat, 2017, "The Effects of Local Government Consolidation on Turnout: Evidence from a Quasi-Experiment in Switzerland," *Swiss Political Science Review*, 23(3): 215–230.

Kourtit, Karima, Peter Nijkamp, and Henk Scholten, 2015, "The Future of the New Urban World," *International Planning Studies*, 20(1/2): 4–20.

Kriesi, Hanspeter, 2012, "The Swiss Experience," in Brigitte Geissel and Kenneth Newton eds., *Evaluating Democratic Innovations: Curing the Democratic Malaise?* Routledge, 39–55.

Lupia, Arthur, and John G. Matsusaka, 2004, "Direct Democracy: New Approaches to Old Questions," *Annual Review of Political Science*, 7: 463–482.

Matsusaka, John G., 2020, *Let the People Rule: How Direct Democracy Can Meet the Populist Challenge*, Princeton University Press.

Meligrana, John, ed., 2004, *Redrawing Local Government Boundaries: An International Study of Politics, Procedures and Decisions*, UBC Press.

Melo, Patricia C., Daniel J. Graham, and Robert B. Noland, 2009, "A Meta-Analysis of Estimates of Urban Agglomeration Economies," *Regional Science and Urban Economics*, 39: 332–342.

Michelsen, Claus, Peter Boenisch, and Benny Geys, 2014, "(De)Centralization and Voter Turnout: Theory and Evidence from German Municipalities," *Public Choice*, 159(3/4): 469–483.

Minkoff, Scott L., 2013, "From Competition to Cooperation: A Dyadic Approach to Interlocal Agreements," *American Politics Research*, 41(2): 261–297.

Miyazaki, Takeshi, 2014, "Municipal Consolidation and Local Government Behavior: Evidence from Japanese Voting Data on Merger Referenda," *Economics of Governance*, 15: 387–410.

Moomaw, Ronald L., and Ali M. Shatter, 1996, "Urbanization and Economic Development: A Bias toward Large Cities?" *Journal of Urban Economics*, 40: 13–37.

Morel, Laurence, 2017, "Types of Referendums, Provisions and Practice at the National Level Worldwide," in Laurence Morel and Matt Qvortrup eds., *The Routledge Handbook to Referendums and Direct Democracy*, Routledge, 26–58.

Nells, Jen, 2012, *Comparative Metropolitan Policy: Governing beyond Local Boundaries in the Imagined Metropolis*, Routledge.

Oates, Wallace E., 1998, *The Economics of Fiscal Federalism and Local Finance*, Edward Elgar.

Okamoto, Mitsuhiko, and Uwe Serdült, 2020, "Recall in Japan as a Measure of Vertical Accountability," in Yanina Welp and Laurence Whitehead eds., *The Politics of Recall Elections*, Routledge, 94–116.

Qvortrup, Mads, 2002, *A Comparative Study of Referendums: Government by the People*, Manchester University Press.

Rappaport, Jordan, 2007, "Moving to Nice Weather," *Regional Science and Urban Economics*, 37(3): 375–398.

Reingewertz, Yaniv, 2012, "Do Municipal Amalgamations Work? Evidence from Municipalities in Israel," *Journal of Urban Economics*, 72: 240–251.

Roesel, Felix, 2017, "Do Mergers of Large Local Governments Reduce Expenditures? Evidence from Germany Using the Synthetic Control Method," *European Journal of Political Economy*, 50: 22–36.

Ruth, Saskia P., Yanina Welp, and Laurence Whitehead, eds., 2017, *Let the People Rule? Direct Democracy in the Twenty-First Century*, ECPR Press.

Saarimaa, Tuuka, and Janne Tukiainen, 2016, "Local Representation and Strategic Voting: Evidence from Electoral Boundary Reforms," *European Journal of Political Economy*, 41: 31–45.

Sassen, Saskia, 1991, *The Global City: New York, London, Tokyo*, Princeton University Press.

——, 2001, "Global Cities and Global City-Regions: A Comparison," in Allen J. Scott eds., *Global City Regions: Trend, Theory, Policy*, Oxford University Press, 78–95.

Scheiner, Ethan, 2005, *Democracy without Competition in Japan: Opposition Failure in a One-Party Dominant State*, Cambridge University Press.

Schiller, Theo, 2017, "Local Referendums: A Comparative Assessment of Forms and Practice," in Laurence Morel and Matt Qvortrup eds., *The Routledge Handbook to Referendums and Direct Democracy*, Routledge, 59–80.

Scholz, John T., Ramiro Berardo, and Brad Kile, 2008, "Do Networks Solve Collective Action Problems? Credibility, Search, and Collaboration," *The Journal of Politics*, 70(2): 1–14.

Scott, Allen J., ed., 2001, *Global City Regions: Trend, Theory, Policy*, Oxford University Press.

Setälä, Maija, 1999, "Referendums in Western Europe: A Wave of Direct Democracy?" *Scandinavian Political Studies*, 22(4): 327–340.

Shrestha, Manoj, 2010, "Do Risk Profiles of Services Alter Contractual Behavior? A Comparison across Multiple Metropolitan Services," in Richard C. Feiock and John T. Scholz eds., *Self-Organizing Federalism: Collaborative Mechanisms to Mitigate Institutional Collective Action Dilemmas*, Cambridge University Press, 114–141.

Shugart, Matthew S., and John M. Carey, 1995, "Incentives to Cultivate a Personal Vote: A Rank Ordering of Electoral Formulas," *Electoral Studies*, 14(4): 417–439.

Steinacker, Annette, 2010, "The Institutional Collective Action Perspective on Self-Organizing Mechanisms: Market Failures and Transaction

Cost Problems," in Richard C. Feiock and John T. Scholz eds., *Self-Organizing Federalism: Collaborative Mechanisms to Mitigate Institutional Collective Action Dilemmas*, Cambridge University Press, 51–72.

Storper, Michael, and Michael Manville, 2006, "Behavior, Preferences, and Cities: Urban Theory and Urban Resurgence," *Urban Studies*, 43 (8): 1247–1274.

Swianiewicz, Pawel, ed., 2010, *Territorial Consolidation Reforms in Europe*, Open Society Institute.

——, 2018, "If Territorial Fragmentation Is a Problem, Is Amalgamation a Solution? Ten Years Later," *Local Government Studies*, 44: 1–10.

Tavares, Antonio F., and Richard C. Feiock, 2018, "Applying an Institutional Collective Action Framework to Investigate Intermunicipal Cooperation in Europe," *Perspectives on Public Management and Governance*, 1(4): 299–316.

Teles, Filipe, 2016, *Local Governance and Inter-Municipal Cooperation*, Palgrave Macmillan.

Teles, Filipe, and Pawel Swianiewicz, eds., 2018, *Inter-Municipal Cooperation in Europe: Institutions and Governance*, Palgrave Macmillan.

Tiebout, Charles M., 1956, "A Pure Theory of Local Expenditures," *Journal of Political Economy*, 64(5): 416–424.

Topaloff, Liubomir, 2017, "The Rise of Referendums: Elite Strategy or Populist Weapon?" *Journal of Democracy*, 28(3): 127–140.

Tridimas, George, 2007, "Ratification through Referendum or Parliamentary Vote: When to Call a Non-required Referendum?" *European Journal of Political Economy*, 23: 674–692.

Tsebelis, George, 2002, *Veto Players: How Political Institutions Work*, Princeton University Press. （眞柄秀子・井戸正伸監訳『拒否権プレイヤー——政治制度はいかに作動するか』早稲田大学出版部，2009 年）

Voda, Petr, and Petra Svačinová, 2020, "To Be Central or Peripheral? What Matters for Political Representation in Amalgamated Municipalities?" *Urban Affairs Review*, 56(4): 1206–1236.

Vospernik, Stefan, 2017, "Referendums and Consensus Democracy: Empirical Findings from 21 EU Countries," in Laurence Morel and Matt Qvortrup eds., *The Routledge Handbook to Referendums and Direct Democracy*, Routledge, 123–146.

Walker, Richard M., and Rhys Andrews, 2013, "Local Government Management and Performance: A Review of Evidence," *Journal of Public Administration Research and Theory*, 25: 101–133.

Wollmann, Hellmut, 2010, "Comparing Two Logics of Interlocal Cooperation: The Case of France and Germany," *Urban Affairs Review*, 46: 263–292.

あとがき

　政治に関与する人々は，多くが自ら実現したい個別的な利益を持っている．しかし残念なことに，個々の主張が多くの人から条件なしに受け入れられることはほとんどない．他の利益を主張する人たちと調整が行われ，優先順位が決められていく．本書で明らかにしてきたことは，日本において，そのようなさまざまな利益の統合が地方政府という領域に縛られながら行われていることである．言い方を変えると，ある程度の支持を得られるような共通の利益が地方政府の領域とは別に構成されることは少なく，そのためのしくみも十分ではない．いかに地方政府同士での連携が重要であるとしても，地方政府という単位で利益が強く統合されてしまうとそこから再度調整するのは難しい．政治制度としての政党を重視するということは，その地方政府という単位の相対化を図るものである．本書では十分に議論できていないが，それ以外にも地方政府の領域に縛られない公益企業の自律性を高めることなどで，別の手段で地方政府という単位の相対化を試みることも重要だろう．

　私たちの代表である政党や政治家が，都市圏のようなより広域の利益を志向することが重要であるならば，本書でも論じた通り，地方議会の選挙制度については再検討する必要があるだろう．現在の日本の地方議会で，少数の支持者に関係するそれぞれの代表が，個別的な性格の強い利益を主張することは，何らかの統合された利益を主張することとは異なる．長や議会による最終的な意思決定にアクセスできる個別的利益は取り入れられやすいが，そうでないものは等閑視される．経済成長が続いて利益分配が可能であった時代には，幅広い配分の実現をもたらすように機能していたとしても，特

に 1990 年代以降，利益配分が困難な時代には現状維持が追求されることによる弊害が目立つ．長はしばしば集合的な利益として改革や成長と紐づいた主張を行い，従来の個別的利益を打破することが強調されてきた．本書で論じたように，分裂した意思決定が問題となる現状では，長を中心に分裂した意思決定の是正を主張する改革が焦点化され，他方で統合されていない個別的利益は等閑視されたままになりがちである．求められるのは，個別的な利益を統合するプロセスであり，選挙制度改革が難しくても，まず個々の地方議員同士が相互に協力を深め，人々がそれを評価することが重要だと考えられる．

＊　＊　＊

　本当に多くの方々の助力なしに，本書は完成に至らなかった．まず共同研究者ともいえる曽我謙悟先生と秦正樹先生に特別の感謝を表したい．日本学術振興会特別研究員として受け入れていただいて以来，曽我先生とはさまざまな場面でご一緒させていただいてきた．とりわけ第 1 章の図 1-2 のアイディアが示された，曽我先生が2013 年の研究会で行われた報告とその後『縮小都市の政治学』で発表された論文は，私にとって目が覚めるもので，本書のプロジェクトの指針となった．また，私が 2009 年に大阪市立大学に着任し，そこで初めて行政学を教えた学生のひとりであった秦先生は，今では多くの共同研究でご一緒させていただいている．第 5 章のサーベイ実験は秦先生の指導の下に行われ，本書にとって最後のピースを埋めることができた．

　本書を構成する多くの章は既に発表した報告や論文などに加筆修正を施したものである．第 1 章は前田幸男先生にお誘い頂いた選挙学会（コロナ禍のため報告論文は未完），第 2 章は御厨貴先生と井上章一先生を主査とする国際日本文化研究センター「建築と政治」研究

会，第3章は加茂利男先生が代表者を務めた科学研究費補助金プロジェクト「縮小都市における政治空間再構築に関する国際比較」，第4章は大西裕先生を担当とする『レヴァイアサン』編集委員会と野田遊先生にお誘い頂いた国際公共政策学会（ICPP4），第6章は佐藤俊樹先生が中心となって編集された指導教員である山本泰先生の退任記念論文集で，それぞれ論文を書きコメントを頂戴する機会を頂いたことに感謝したい．またその過程でご助力を頂いた竹中佳彦，牧原出，手塚洋輔，松井望，阿部昌樹，待鳥聡史，徳久恭子，林昌宏，玉井亮子，青木尚美，塩沢健一，広田啓朗の各先生方，RAをお願いした芦谷圭祐さんと井坂圭吾さんにもお礼を申し上げる．

　ある程度全体像が見えるようになってからは，本書全体の構想を，必ずしも政治学を専門とされるわけではない方々にお話し，コメントをいただくことで，内容の改善につなげることができた．機会を提供していただいた，経済同友会，奈良県，ハッピーアワーセミナー，日本アカデメイア，神戸市会，関西経済連合会，関西経済同友会とご参加の皆さんにも感謝したい．

　資料収集や調査のためには，日本学術振興会の科学研究費補助金が不可欠であった．本研究は科学研究費補助金（23330048「縮小都市における政治空間再構築に関する国際比較」（研究代表者：加茂利男），16K03470「政治制度が住宅を中心とした都市政策に与える影響の分析」（研究代表者：砂原庸介），20K01476「基礎自治体の政治競争――政党間競争でない政治競争の分析」（研究代表者：砂原庸介））の成果の一部である．また，第3章執筆のためのヒアリングに協力いただいた函館市・下関市，第5章執筆のためのサーベイに助成を頂いた第一生命財団，第6章執筆のためのデータを提供くださった総務省自治行政局市町村課にお礼を申し上げる．

　第7章のテーマであるだけでなく，本書を通じて何度も触れることになった大都市としての大阪の問題は，私にとって2009年に大

阪市立大学に赴任して以降，取り組み続けてきたものである．第7章は，2012年に出版した『大阪　大都市は国家を超えるか』（中公新書）のその後を扱うものであり，執筆しているときには2010年代の大阪の政治から多くの学びを得てきたことを改めて感じることになった．この間，『中央公論』『アステイオン』をはじめ大阪都構想や大阪維新の会について論考やコメントを用意する機会をくださった新聞・雑誌メディアの方々，そして数知れない意見交換を通じてこの問題についての私の理解を深めてくださった，北村亘先生と善教将大先生にお礼を申し上げたい．

　本書は，私にとって，地方政治についての研究をまとめた3冊目の研究書となった．博士論文をもとにした書籍では，都道府県レベルの地方政府における知事と地方議会の関係を分析し，2冊目では政党に注目しながら国政と地方政治の関係を分析した．本書で地方政府間の関係を分析することで，地方政治の内部，そして外部の国・地方政府との相互作用について一貫性を持ちつつ描くことができただけでなく，大きな区切りにもなったと考えている．1冊のプロジェクトに5年から10年かかり，その期間が長期化していくことで今回はもう諦めそうになることも少なくなかった．それでも本書をまとめることができたのは，東京大学出版会の奥田修一さんが，粘り強くかつ適切なタイミングで執筆を促す働きかけをしてくださったからである．多くのご助力とアドバイスに感謝する．
　最後に，家族への感謝を記したい．感染症の流行でやりたいけれどもできないということも多かったけれども，私にとっては自宅にいる時間が長くなり，瑞穂と他愛のないおしゃべりをたくさんして，諒と大知の成長とそれに伴う葛藤を近くで感じ続けることができたのは幸せな時間となった．その記憶と日々の感謝とともに，本書を家族に捧げたい．

付　記

　本書の各章は，以下の既発表論文を元として大幅に加筆修正を行っている．転載を許可してくださった各出版社に感謝する．また，本研究は，JSPS 科研費（領域番号 23330048，16K03470，20K01476），一般財団法人第一生命財団都市とくらしの分野 2020 年度研究助成の成果の一部である．第 5 章のオンラインサーベイは，神戸大学大学院法学研究科における「人を直接の対象とする研究倫理審査規程」に則って作成し，神戸大学大学院法学研究科研究倫理審査委員会（受付番号：020012）の承認を受けた上で実施した．

第 1 章　「政治制度と地方政府間関係──集合行為アプローチの観点から」『選挙研究』36（2）（2020 年）：9-24.

第 2 章　「庁舎と政治──都市の中心をめぐる競合と協調」御厨貴・井上章一編『建築と権力のダイナミズム』岩波書店，2015 年，123-149.

第 3 章　「都市を縮小させる複合的な競争──函館市・下関市」加茂利男・徳久恭子編『縮小都市の政治学』岩波書店，2016 年，111-132.

第 4 章　「大都市を比較する──日本の都市は「大きい」か？」『レヴァイアサン』63（2018 年）：91-110.

第 5 章　「住民投票の比較分析──「拒否権」を通じた行政統制の可能性」『公共選択』68（2017 年）：66-84.／「住民投票の受容条件を探る──サーベイ実験によるアプローチ」第一生命財団調査研究報告書，2021 年.

第 6 章　「誰が自治体再編を決めるのか──「平成の大合併」における住民投票の再検討」若林幹夫・立岩真也・佐藤俊樹編『社会が現れるとき』東京大学出版会，2018 年，131-163.

索 引

著者略歴

1978 年　大阪に生まれる.
2001 年　東京大学教養学部卒業.
2006 年　東京大学大学院総合文化研究科博士後期課程単位
　　　　　取得退学.
現　在　神戸大学大学院法学研究科教授.
　　　　　博士（学術）.

主要著書

『地方政府の民主主義——財政資源の制約と地方政府の政
策選択』（有斐閣, 2011 年）
『分裂と統合の日本政治——統治機構改革と政党システム
の変容』（千倉書房, 2017 年）
『新築がお好きですか？——日本における住宅と政治』（ミ
ネルヴァ書房, 2018 年）

領域を超えない民主主義
地方政治における競争と民意

2022 年 11 月 9 日　初　版

［検印廃止］

著　者　砂原 庸介
　　　　すなはら　ようすけ

発行所　一般財団法人　東京大学出版会

　　　　代表者　吉見 俊哉

　　　　153-0041 東京都目黒区駒場 4-5-29
　　　　http://www.utp.or.jp/
　　　　電話 03-6407-1069　Fax 03-6407-1991
　　　　振替 00160-6-59964

印刷所　株式会社理想社
製本所　誠製本株式会社

© 2022 SUNAHARA Yosuke
ISBN 978-4-13-030187-9　Printed in Japan

ここに表示された価格は本体価格です．ご購入の
際には消費税が加算されますのでご了承ください．